Alia Ciobanu

Revolution im Klassenzimmer

W0171926

Alia Ciobanu

Revolution im Klassenzimmer

Wenn Schüler ihre eigene
Schule gründen

FREIBURG · BASEL · WIEN

MIX
Papier aus verantwor-
tungsvollen Quellen
FSC® C017859

Originalausgabe

© Verlag Herder GmbH, Freiburg im Breisgau 2012
Alle Rechte vorbehalten
www.herder.de

Umschlaggestaltung: P.S. Petry und Schwamb, Freiburg
Umschlagmotiv: © iStockphoto / Julia Nichols
Foto der Autorin: © Eugen Baumann

Satz: Barbara Herrmann, Freiburg
Herstellung: CPI Moravia Books, Pohorelice

Printed in Czech Republic

ISBN 978-3-451-30587-0

Inhalt

„methodos" –
Wir nehmen unsere Bildung selbst in die Hand!

„methodos" ist eine „Schule", die 2007 in Freiburg von zehn Schülern und einigen Lehrern und Eltern gegründet wurde, die unzufrieden mit dem Schulsystem und enttäuscht von seiner Veränderungsresistenz waren. Doch sie beschränkten sich nicht darauf, zu kritisieren, sondern riefen ihre eigene Organisation, eben „methodos", ins Leben, das ausschließlich von Schülern organisiert und verwaltet wird. Nun besteht es bereits seit fünf Jahren, und jedes Jahr kommen neue Schüler, um sich selbst und außerhalb der Regelschule auf ihr Abitur vorzubereiten.

„methodos" ist gelebte Kritik am Schulsystem. Die Schüler sind aus diesem System ausgestiegen, um in überschaubarem, flexiblem Rahmen ihre Vorstellungen von guter Bildung und Schule umzusetzen. Es ist ein alternativer Weg der Abiturvorbereitung und deswegen in gewisser Weise auch wieder systemkonform. Doch „methodos" geht weit über die Abiturvorbereitung hinaus. Im Sinne der alten Bedeutung von „methodos", verstanden als der immer neu zu reflektierende Weg zu Sicherheit in der Vorläufigkeit, ist dieses Projekt ein Raum, in dem Schüler eigene Ideen verwirklichen und selbstbestimmt und eigenverantwortlich lernen. Und das geht über Abiturinhalte weit hinaus.

Zwei Jahre nach der Gründung von „methodos" stieß ich selbst dazu. Auch ich war unzufrieden mit der Schule und bei meinen Versuchen, etwas zu verändern, immer wieder gegen Mauern gerannt. Das „methodos"-Prinzip – auf eigene Faust den Versuch zu wagen, alles besser zu machen – und die Selbstständigkeit der Schüler in diesem Projekt begeisterten mich, und so gehörte auch ich von September 2009 an zwei Jahre lang zu den „Schulrebellen". Diese beiden Jahre waren eine sehr intensive Zeit für mich, in der ich einen tiefen Prozess in meiner Persönlichkeitsentwicklung durchlief. Der Abiturstoff macht nur einen kleinen Bruchteil des dort Erlernten aus. Viel wichtiger und prägender sind die Kompetenzen und Fähigkeiten, die ich durch die plötzliche Erfahrung der Freiheit und Selbstbestimmung in der Organisation dieser kleinen „Schule" und vor allem in den intensiven Gruppenprozessen erlangt und entfaltet habe.

„Wir fangen einfach schon mal an!" – das ist ein zentrales Prinzip bei „methodos". Aus der Einsicht geboren, dass sich innerhalb des Systems nur sehr schwer etwas ändern lässt und man daraus aussteigen muss, um konkret Veränderungen zu leben, stehen bei „methodos" nicht Theorien oder große Ideen im Vordergrund, sondern die Praxis. Aus der Praxis und den Erfahrungen heraus können sich dann Leitlinien des gemeinsamen Lernens entwickeln. „methodos" ist ein Prinzip, kein Konzept. Das Prinzip lautet: „Wir nehmen unsere Bildung selbst in die Hand!", und außer diesem Leitsatz schreibt es nichts vor.

Das stelle ich auch in diesem Buch in den Vordergrund. Es geht mir weniger darum, große Theorien zu entwickeln und darzulegen, als zu zeigen, welche Erfahrungen eine Gruppe von Schülern damit gesammelt hat, ihre Bildung ganz konkret in die eigenen Hände zu nehmen, und was sich daraus entwickelt hat.

Im Herbst nach meinem Abitur bekam ich die Möglichkeit, ein Buch über „methodos" zu schreiben. Ich nahm diese Herausforderung an, auch wenn ich meine eigentlichen „Nach-Abitur-Pläne" dafür erst einmal verschieben musste. Ich möchte im Folgenden einen ehrlichen Blick auf „methodos" werfen, indem ich sowohl die Erfolge als auch die

Schwachstellen und Diskussionspunkte innerhalb des Projektes abbilde, sodass andere und alle mutigen Menschen, die etwas selbst in die Hand nehmen, von unseren Erfahrungen profitieren können.

Mir selbst hat dieses Buch die Möglichkeit gegeben, meine „methodos"-Jahre intensiv zu reflektieren und in langen Gesprächen mit meinen ehemaligen Lehrern, mit „methodos"-Gründern und „methodos"-Schülern, die nach mir kamen, ganz neue Perspektiven zu gewinnen und an meinen Vorstellungen von besserer Bildung und Schule zu feilen. Ich habe hier viele Ausschnitte aus diesen Interviews aufgenommen, wobei nicht alle Aussagen auch meine Meinung widerspiegeln. An einigen Stellen habe ich bewusst verschiedene Standpunkte aufgenommen.

Leider war es mir nicht möglich, alle an „methodos" Beteiligten zu interviewen, auch wenn jede und jeder von ihnen wichtige Erfahrungen und Erkenntnisse erlangt hat. Stellvertretend für die „methodos"-Schüler aus den verschiedenen Generationen habe ich mit Lena, Jon und Lenya aus der Gründergruppe gesprochen, mit Bernhard aus dem zweiten „methodos"-Jahr, Jaska aus dem dritten Jahr, Eva aus der vierten „Generation" und Dorothée, Theresia und Mischam aus dem fünften Jahr. Außerdem habe ich mit Jan gesprochen, der Geschichts- und Biologielehrer am Gymnasium ist und die Idee zu „methodos" angestoßen hat; mit Elena, die auch bei der Gründung von „methodos" sehr engagiert war und – sie hatte das Abitur selbst gerade erst in der Tasche – der Gruppe als Begleiterin in sozialen Prozessen und methodischen Lernfragen beistand. Auch Dieter hat viel zu diesem Buch beigetragen, nicht nur durch sein Interview, sondern auch durch eigene Texte. Er war viele Jahre lang Mathematiklehrer und Oberstufenberater sowie fünf Jahre Leiter eines technischen Gymnasiums und von Beginn an Mathematiklehrer bei

„methodos". Außerdem habe ich mit Maria geredet, die 40 Jahre lang Englisch- und Sportlehrerin am Gymnasium und seit September 2010 Englischlehrerin bei „methodos" ist, mit Uli, unserem Geschichtslehrer, der ebenfalls langjährige Gymnasialerfahrung hat, und mit Hans-Peter, dem Politiklehrer bei „methodos", der an verschiedenen staatlichen Schulen unterrichtete, hauptsächlich aber an Gymnasien, und schulpolitisch sehr aktiv ist. Und nicht zuletzt hat Max, ein Dozent an der Pädagogischen Hochschule Thurgau, der „methodos" unterstützt und Trainer in Deutschland und der Schweiz für Lehreraus- und -weiterbildung im Bereich Lerncoaching ist, mir zu vielen neuen, spannenden Einsichten verholfen und dieses Buch bereichert. Nicht alle der von mir zitierten Menschen wollten namentlich genannt werden, weshalb ich manche Namen im Text geändert habe. Auch konnten nicht alle Informationen, die ich für dieses Buch zusammengetragen habe, hier Aufnahme finden. Einzelne Texte, etwa zu konkreten Fragen rund um die Organisation und einiges mehr, möchte ich denen, die sich weiter informieren wollen, dennoch nicht vorenthalten. Sie werden auf der „methodos"-Homepage zu finden sein, unter der Adresse http://methodos-ev.org.

Meine Hoffnung, die ich mit diesem Buch verbinde, ist, Mut zu machen: dass nichts bleiben muss, wie es ist, sondern dass es auch anders geht. Und dass jeder von uns die Möglichkeit hat, es anders zu machen und die Wirklichkeit zu verändern.

Alia Ciobanu, im Sommer 2012*

---

* Ich möchte an dieser Stelle darauf hinweisen, dass ich aus Gründen der besseren Lesbarkeit auf die gleichzeitige Verwendung männlicher und weiblicher Sprachformen verzichtet habe. Es sei aber betont, dass mit den betreffenden Beiträgen beide Geschlechter gemeint sind.

Die Idee

Eine Zugfahrt, die ist lustig …

„Dann sorgt doch dafür, dass ihr Unterricht von den Lehrern bekommt, mit denen ihr Abitur machen wollt!", unterbrach Jan Lefin, ein junger Lehrer, das Gejammer der Schüler. Die 13 Oberstufenschüler schauten ihn fragend an. Wie sollte das denn gehen?

Sie saßen im Zug, waren auf der Rückfahrt einer Studienreise ins Chiemgau. Gemeinsam hatten sie diese Fahrt organisiert, um sich über die dortige Regionalwährung, den „Chiemgauer", zu informieren. Es war keine Studienfahrt im herkömmlichen Sinn, denn die Schüler waren nicht als Schüler unterwegs. Stattdessen hatten sie für diese Studienfahrt ihre schulfreien Tage geopfert. Jan begleitete sie auch nicht in seiner Funktion als Lehrer und das Thema wurde nicht von der Schule vorgegeben, sondern von den Schülern, die sich dafür interessierten.

Im Politikunterricht hatte Jan den Schülern von der Regionalwährung erzählt und war dabei auf großes Interesse gestoßen. Regionalwährungen wie der „Chiemgauer" sind eine Ergänzung zum Euro. Ihr Ziel ist es, die regionale Wirtschaft sowie das kulturelle Leben und das soziale Miteinander zu stärken. Das Geld bleibt in der Region, und bei jedem Einkauf wird von dem Unternehmen eine dreiprozentige Prämie an einen vom Konsumenten ausgesuchten kulturellen oder sozialen Verein in der Region gespendet. Der Chiemgauer ist die erste, bekannteste und erfolgreichste Regionalwährung Deutschlands. Er wurde 2002 von einer Gruppe engagierter Waldorfschülerinnen erfunden. In ihrem Interesse und Engagement konnten sich die Freiburger Waldorfschüler mit den Chiemgauer Schülerinnen aus Prien identifizieren, ein Faktor, der ihre Neugier für diese Initiative weiter schürte. Während der drei Tage in Prien bekamen die Freiburger Schüler einen Einblick in die Regionalgeldinitiative, sie konnten einiges lernen und Impulse mit nach Hause nehmen. Aber nach diesen Eindrücken hatte jetzt niemand mehr Lust darauf, wieder zur Schule zu gehen.

Die Gruppe im Zug, das war ein Haufen aufgeweckter, interessierter und aktiver Schüler. Sie hatten einiges zu kritisieren an ihrer Schule: die autoritäre Rolle der Lehrer, die Unantastbarkeit der Beschlüsse der Lehrerkonferenz, aber auch, „dass wir nicht ernst genommen werden, dass uns nicht zugetraut wird, selbst etwas gestalten zu können, das war ein diffuses Gefühl. Wir wollten aber alle aktiv etwas tun", erzählte Jon, einer der Schüler im Zug.

Die Kritik dieser jungen Menschen ging allerdings weit über das gewöhnliche Nörgeln an der Schule und den Lehrern hinaus, das wohl jeder Schüler kennt. Und der Grund dafür lag vielleicht darin, dass alle kurz zuvor an einer einwöchigen Tagung unter dem Motto „Schwimmen lernen" – eine schöne Metapher für die Selbstständigkeit, die die Oberstufenschüler erlangen möchten – teilgenommen hatten, bei der man sich eingehend mit unterschiedlichen Oberstufenmodellen auseinandergesetzt hatte.

Organisiert wurde die Tagung von Jan, dem jungen motivierten Geschichts- und Biologielehrer, der voller Ideen und Energie steckt und bei dem man oft das Gefühl hat, dass er gar nicht stillsitzen kann. Er hatte sich das starre System der Oberstufe an der Waldorfschule einmal angesehen und war zu der Überzeugung gekommen, dass eine Veränderung hermusste, um den Bedürfnissen der Schüler, die auf das Erwachsensein zusteuern, gerecht zu werden. Er hatte erkannt: Die Schüler möchten ernst genommen werden, haben einen großen Lern- und Tatendrang und das Bedürfnis nach Selbstständigkeit, das von der Schule aber eher eingedämmt als gefördert wird. Unterstützt wurde er von Lena, die von Schülerseite aus die Hauptorganisatorin und zu dieser Zeit auch Schülersprecherin der Schule war.

Bei der Tagung referierten Pädagogen aus unterschiedlichen alternativen Schulprojekten zu dem Thema „Wie kann Oberstufe anders gestaltet werden?". Die Oberstufenschüler waren eine Woche lang vom Unterricht befreit und konnten so an dieser Veranstaltung teilnehmen. Eigentlich sollten auch die Lehrer dabei sein, jedoch erschien am Ende kaum einer von ihnen. Lenya, eine engagierte Schülerin, erinnerte sich mit Bedauern an das Ergebnis der Tagung: „Wir hatten da supergute Ideen, hatten ganz viel auf die Beine gestellt und das dann dem Lehrerkollegium übergeben, aber es ist nichts passiert. Da war klar, die Schule ist einfach zu groß, zu alt, besteht aus zu vielen Menschen, als dass man da schnell etwas verändern könnte."

„Das Ergebnis was ein sehr Ambivalentes: Die Schüler hatten viele Ideen präsentiert bekommen, die sicherlich auch realisierbar gewesen wären an dieser Schule, aber die Lehrer hatten das größtenteils gar nicht mitbekommen", erzählte auch Jan. „Dadurch ist der Frust darüber, was nicht umgesetzt wurde, viel größer geworden. Neben dieser Frustration ist dann die Frage entstanden: Wie kann man das, was einen wirklich interessiert, weiterverfolgen? Und das war dann der Weg in die ‚Garage'", schloss er schmunzelnd. Mit „Garage" meinte er einen etwas verschimmelten Kellerraum im Haus des ehemaligen Klassenlehrers der damaligen Zwölftklässler, ein Ort außerhalb der Schule, an dem ausprobiert und gelernt werden konnte, nach eigenem Interesse und eigener Überzeugung. In diesem Keller, genannt „der Raum", fanden die Jugendlichen das, was sie an ihrer Schule vermissten: Raum, Zeit und gleichgesinnte Menschen, den Dingen nachzugehen, das zu diskutieren, was sie tatsächlich interessierte. Da ging es um Kommunismus und Philosophie im Allgemeinen, um Kant, Marx oder, wie im Moment, um Geld.

Alle zwei bis drei Tage trafen sich immer mehr Leute im „Raum". Sie kamen aus unterschiedlichen Schulen. Meistens waren es Schüler, aber auch der ein oder andere Lehrer war dabei. Doch es wurde hier nicht nur über Theorie und Praxis diskutiert, es gab auch so manchen Abend, an dem die jungen Leute einfach zusammensaßen und – der ein oder andere hatte seine Gitarre oder andere Instrumente mitgebracht – gemeinsam musizierten. Sie hatten sich diesen Raum neben der Schule geschaffen, den sie selbst gestalteten und in dem sie studieren konnten – studieren im Sinn von selbstständiger Wissensaneignung aus eigenem Interesse. Das war die eine Sache.

Aber die Vorstellung, auch die Vorbereitung auf das Abitur so zu gestalten, sie aus der Schule auszulagern und sich neben dem regulären Unterricht mit den Lehrern, von denen man wirklich etwas lernen kann und will, auf das Abitur vorzubereiten, das wäre noch einmal etwas ganz anderes gewesen. Daran hatte bis zu diesem regnerischen kalten Tag, an dem die kleine Gruppe gemeinsam in einem ansonsten menschenleeren Zugabteil irgendwo zwischen Prien und München saß, noch niemand gedacht. Ginge das denn überhaupt? Und wenn ja, wie?

Die Schüler fingen an herumzuspinnen, jemand kam auf die Idee, man könne sich komplett von der Schule abmelden und eine eigene Schule gründen. Aber wirklich ernsthaft darüber nachgedacht wurde nicht. Die meisten taten das Ganze als

„Jan-Idee" ab, eben als etwas Verschrobenes. Ihm und der Abiturientin Elena war dieser Einfall bei einem morgendlichen Spaziergang am Chiemsee gekommen.

Doch zunächst einmal hatten die Schüler andere Probleme: Vor wenigen Tagen war aus dem Lehrerkollegium ihrer Schule durchgesickert, dass zwei neuen Lehrern, dem Deutschlehrer und dem Geschichts- und Politiklehrer, der Vertrag nicht verlängert wurde. Die Enttäuschung der Schüler darüber war groß. Sie hielten diese beiden Lehrer für hoch kompetent, lernten gerne mit und von ihnen und hatten den Verdacht, dass sie nur deshalb gehen mussten, weil sie Veränderungen an der Schule bewirken wollten oder doch zumindest teilweise eine andere Meinung und Methodik vertraten als der Großteil der „alteingesessenen" Lehrer. Hinzu kam, dass bis dahin fast jährlich die Oberstufenlehrer für Geschichte und Deutsch gewechselt hatten. Das konnte keinen kontinuierlichen Unterricht gewährleisten. Außerdem waren die Schüler empört, dass der Weggang der beiden Lehrer geheim gehalten werden sollte.

Zurück im Schulalltag beschlossen die Schüler, sich offensiv für die beiden Lehrer einzusetzen. „Das hat dann eine Telefonlawine losgetreten: Die Schüler haben Rundrufe gestartet, um einen Boykott der Osterfeier am nächsten Tag zu organisieren", erzählte Jon. Am nächsten Morgen stand dann die gesamte Oberstufe im Schulhof anstatt im großen Saal, wo die Feier stattfinden sollte. Es gab sogar ein eilig gemaltes Transparent und Sprechchöre. Um die Schüler dazu zu bewegen, doch noch in den Saal zu kommen, versprachen die Lehrer, ernsthaft mit ihnen über diese Angelegenheit zu diskutieren. Das Versprechen wurde eingehalten, eine Delegation der Oberstufenschüler zur Lehrerkonferenz eingeladen und angehört.

„Bei unserem Engagement für die beiden Lehrer, die wir behalten wollten, habe ich mich wohl ein bisschen weit aus dem Fenster gelehnt. Irgendwann kam eine Lehrerin dann auf mich zu und meinte total nett, ich sollte mal ein bisschen aufpassen, was ich sage, weil ich an dieser Schule ja auch noch mein Abitur machen würde und das die Lehrer seien, die mich prüfen würden. Und da war mir klar: Nee, mein Platz ist nicht an dieser Schule, wenn ich den Mund verboten kriege. Es war ja nett gemeint von ihr, aber geändert hat das nichts", erzählte Lenya.

Erlebnisse wie diese trieben die Idee vom selbst organisierten Unterricht mit von den Schülern ausgewählten Lehrern weiter voran. Sie hatte sich endgültig in den Köpfen der Schüler festgesetzt und begann langsam Formen anzunehmen. Bei vielen stieß sie auf Begeisterung, nicht nur bei den Schülern, sondern auch bei Lehrern und Eltern. Lenyas Vater zum Beispiel war sofort Feuer und Flamme. „Der findet alles gut, was ein bisschen subversiv ist. Er wollte sich sofort in dem Projekt engagieren und den Verein für uns gründen. Wir mussten ihn bremsen, damit er nicht alles für uns macht", wurde Lenya in einem Interview mit einer Netzzeitung zitiert.

Während im Lehrerzimmer weiter Verhandlungen über das Anliegen der Schüler, meistens jedoch unter Ausschluss derselben, stattfanden, gab es im „Raum" erste Treffen zur Gründung einer neuen Schule. Daran nahmen nicht nur Schüler teil, sondern auch Eltern und Lehrer. Die Gruppe wuchs auf circa 30 Menschen an und passte bald nicht mehr in den „Raum".

Kurz vor Pfingsten 2007 kommt es dann zu einer Entscheidung. Jon erinnerte sich: „Einer der ältesten Lehrer unserer Schule sollte uns von den Ergebnissen der Lehrerkonferenz bezüglich der Kündigung der zwei umstrittenen Lehrer berichten. Er stellte sich vor unsere zwölfte Klasse und behauptete allen Ernstes, wir seien noch nicht erwachsen genug und könnten diese Entscheidung daher nicht verstehen. Dabei bezog er sich auf Rudolf Steiners Jahrsiebte-Theorie, die besagt, dass wir erst mit 21 Jahren die nötige geistige Reife erreicht haben werden. Wenig später stand unsere Entscheidung, unsere eigene Schule zu gründen, fest."

Die Schüler meldeten sich in einer symbolischen Geste alle gemeinsam von der Schule ab. Jetzt wurde es ernst für sie: Die vage „Spinner-Idee" ist Realität geworden, hat die Gestalt einer kleinen Revolution angenommen. In den folgenden Tagen wurden die rechtlichen Möglichkeiten und Hindernisse abgeklopft, einige Schüler erarbeiteten „Pamphlete" zur Gestaltung des Unterrichts. Es wurde ein neuer Raum organisiert, denn die Garage war als Klassenzimmer ungeeignet. Über die Sommerferien suchten die Schüler neue Lehrer und stellten sie an. Da allen klar war, dass sie finanzielle Unterstützung brauchen würden, liefen die Öffentlichkeitsarbeit und das Fundraising noch vor den Sommerferien an. Den rechtlichen Rahmen dieser neuen „Schule" bildete schließlich der gemeinnützige Verein „methodos e. V.", der um Pfingsten 2007 gegründet wurde.

Mit diesem Schritt hatte eine Gruppe von Schülern, Eltern und Lehrern begonnen, eigene Ideen von gutem Unterricht und guter Schule zu entwickeln und in die Realität umzusetzen. Damit wurde ein Stein ins Rollen gebracht, der Jahr für Jahr weiterrollt, mal mehr, mal weniger Steine mitreißt, mal mit großer Signalwirkung, mal leise ins Tal rollt, der aber immer mehr Fahrt aufzunehmen scheint. Seit 2007 setzt sich dieser Prozess fort, entwickelt sich weiter, verändert seine Formen und bleibt dadurch lebendig. Und er wird es so lange bleiben, wie es begeisterte, engagierte und experimentierfreudige Menschen gibt, die ihre Bildung selbst in die Hand nehmen wollen.

Der mutige Schritt aus dem System

„Den Mut, den diese Schüler haben, finde ich bewunderns-
wert. Allein der Schritt, aus der sicheren Institution Schule
auszusteigen – das hätte ich nie geschafft." Jan war dieser Satz
sehr wichtig, er betonte ihn extra. Und Elena fügte dem nur
ein knappes „Hut ab!" hinzu. Beide haben das Projekt und
die Schüler intensiv begleitet. Elena, selbst Abiturientin an
der Waldorfschule, wurde Supervisorin bei „methodos", Jan
hat dort Geschichte und Biologie unterrichtet.

Aber warum verließen die Schüler den geschützten Raum
der Schule? Was veranlasste sie, all die Risiken auf sich zu nehmen? Die Beweggründe waren so unterschiedlich wie die
Schüler bei „methodos". Gemeinsam war jedoch allen die Unzufriedenheit mit der herkömmlichen Schule, sei es ein einge-
rostetes, veränderungsresistentes Waldorfsystem oder das von
Leistungsdruck geprägte Gymnasium. Gemeinsam war allen
auch die Hoffnung, alles verändern zu können.

Bei mir selbst war die Unzufriedenheit mit der Schule
ein entscheidender Faktor für den Schritt aus dem Schulsystem und meinen Wechsel zu „methodos". Meine Schulzeit
war recht turbulent: Bedingt durch viele Umzüge besuchte
ich unterschiedliche Waldorfschulen und eine Hauptschule.
Ein Jahr lang ging ich gar nicht zur Schule, weil ich mit
meiner Familie im Ausland lebte. Anfang der siebten Klasse
kam ich an die Waldorfschule in Freiburg. Ich hatte das
Glück, in eine tolle Klasse zu kommen, in der ich mich
bald aufgehoben fühlte. In der achten Klasse begann unser
„Aufstand" gegen die Lehrer, wir lieferten uns einen regel-
rechten Kampf mit unserer Klassenlehrerin und wuchsen
als Klasse eng zusammen, was sich in einem großen Zusammenhalt äußerte.

Als wir dann in die Oberstufe kamen, wurden wir zum ersten Mal bewusst mit dem Schulsystem konfrontiert. Plötzlich wehte ein anderer Wind. Der Schritt von der Mittel- in die Oberstufe, die in der Waldorfschule schon mit der neunten Klasse beginnt, ist groß: Statt des Unterrichts mit dem Klassenlehrer, der die Schüler schon seit der ersten Klasse begleitet, gibt es nun Unterricht nach dem Kurssystem, das heißt, jedes Fach wird von einem anderen Lehrer übernommen. Es wird Disziplin verlangt, was für die Schüler völlig neu ist. Da an der Waldorfschule vor dem Abitur keine Noten vergeben werden, die damit als Druckmittel wegfallen, greifen die Lehrer zu einer anderen Disziplinarmaßnahme, die aus meiner Sicht nicht weniger einschneidend als Noten ist: Schulverweis.

An der Waldorfschule wird kaum aus Lehrbüchern gelernt. Die Schüler müssen im Unterricht mitschreiben und ihr eigenes Epochenheft gestalten. Ab der Oberstufe werden für diese Epochenhefte Schulbucheinträge verteilt, wenn man sie nicht rechtzeitig abgibt, allerdings gibt es diese Einträge auch für nicht gemachte Hausaufgaben oder das Schwänzen des Unterrichts und Ähnliches. Ein Schulbucheintrag wird am Ende des Jahres gelöscht, doch sammelt man drei Einträge innerhalb eines Jahres, bedeutet das die erste Abmahnung, die auch nicht mehr gelöscht wird. Nach der dritten Abmahnung bekommt man einen Schulverweis.

Manche meiner Mitschüler kamen relativ schnell zu drei Abmahnungen, sogar noch in der neunten Klasse, denn jeder Lehrer kann ohne Absprache mit einem anderen die Einträge verteilen. Es gibt aber keine Instanz, bei der die Schüler oder Eltern sich über einen solchen Eintrag beschweren könnten und die den Eintrag und damit schlimmstenfalls den Schulverweis wieder zurücknehmen könnte. Diese Willkür und Ungerechtigkeit empörten mich.

An der Waldorfschule gibt es zudem keinen Direktor, und das einzige entscheidungsbefugte Organ ist die Lehrerkonferenz. Dort sollen alle Beschlüsse demokratisch gefällt werden. Durch die vorgespiegelte oder tatsächliche, in jedem Fall aber im Geheimen stattfindende Demokratie werden Entscheidungswege undurchsichtig und bleiben nicht nachvollziehbar. Außerdem führt es dazu, dass sich am Ende niemand wirklich für diese Beschlüsse verantwortlich fühlt. Wenn man etwas kritisiert, bekommt man zur Antwort: „Das hat die Lehrerkonferenz beschlossen!"

Als ich nun in die Oberstufe kam, zählten zu meinen Lehrern glücklicherweise auch die beiden, deren Vertrag nicht verlängert werden sollte. Die Nachricht über ihre Entlassung schockierte mich und ich schloss mich dem Protest der zwölften Klasse an. Aber ich fiel meinen Lehrern nicht auf, ich zählte zu den unauffälligen Schülern, sodass das für mich keine Konsequenzen hatte – bis ich im Namen der Klasse einen Brief an alle Eltern schrieb, in dem ich die ungerechte und undurchsichtige Verteilung von Klassenbucheinträgen und Schulverweisen kritisierte sowie die Tatsache, dass es keine unabhängige Instanz gibt, bei der man dagegen Einspruch einlegen könnte. Ich bat die Eltern, die Initiative zu ergreifen und uns zu unterstützen, da wir als Schüler nicht ernst genommen würden.

Damit überschritt ich die Toleranzgrenze der Lehrer. Am nächsten Schultag wurde ich aus dem Unterricht geholt und unvorbereitet in ein Gespräch mit zwei Lehrern gedrängt, die mindestens eine halbe Stunde lang auf mich einredeten und mich fertigmachten. Ich war dem alleine ausgesetzt. Eine Freundin, die forderte, bei dem Gespräch dabei sein zu dürfen, wurde abgewiesen. Da saß ich also als 15-Jährige einem langjährigen und einem jüngeren Lehrer gegenüber, denen die

Schule in ihrem jetzigen Zustand verteidigungswert und gegen jede Veränderung schützenswert schien, und versuchte, dem psychischen Druck nicht nachzugeben. Spuren hat dieses Erlebnis natürlich dennoch hinterlassen: Ich war eingeschüchtert. Als ich zu Hause davon erzählte, meinte mein Vater: „Jetzt weißt du, wie sich ein repressives System anfühlt. Sei froh, dass du nicht von ihnen abhängig bist!" Er selbst ist in Rumänien unter der sozialistischen Diktatur Ceaușescus aufgewachsen.

Anschließend bekam ich innerhalb von drei Wochen drei Schulbucheinträge, sprich: die erste Abmahnung. Das hatte zur Folge, dass ich mich die nächsten zwei Jahre kleinmachte, zumindest nach außen hin, und jede Konfrontation zu vermeiden suchte, meinen Mund hielt. Das Amt der Klassensprecherin lehnte ich ab, als ich gewählt wurde. Mein Verhältnis zu den Lehrern war kein ehrliches, offenes mehr, nur oberflächlich spielte ich die freundliche, unauffällige Schülerin.

Sandro, mein Mitschüler und Freund, hat die Härte der Schule unliebsamen Schülern gegenüber noch um einiges heftiger getroffen als mich. Er ist groß, hat dunkle Haare und Augen und eine Offenheit und Direktheit, mit der nicht jeder Lehrer klarkommt. Seine einzigen Vergehen bestanden darin, dass er sich mit dem „Schleimer-Verhältnis" zwischen Schülern und Lehrern nicht abfinden konnte oder wollte und dass er Probleme mit der plötzlich geforderten Disziplin hatte. Innerhalb kürzester Zeit hatte er sich zwei Abmahnungen eingefangen, die angeführten Gründe waren banal, wie etwa nicht gemachte Hausaufgaben. Anfang der zehnten Klasse musste er, damit er an der Schule bleiben durfte, ein dreimonatiges Praktikum in einer Stahlfabrik absolvieren. Da ihm die Klasse viel bedeutete – er war schließlich seit der ersten Klasse Teil dieser engen Gemeinschaft –, nahm er dieses „Strafpraktikum" auf sich, in der Hoffnung, dann bis zum Schulabschluss in seiner Klasse bleiben zu können. Zurück in der Schule hielt der Frieden nur für kurze Zeit: Sandro suchte sich für sein Betriebspraktikum, das alle Waldorfschüler Ende der zehnten Klasse absolvieren müssen, einen Platz in einem Fotolabor, kam aber mit der Zusage dafür erst in letzter Minute. Der Lehrer, dem Sandro die Bestätigung des Fotolabors in die Hand drücken wollte, weigerte sich, diesen „Fresszettel", wie er ihn nannte, entgegenzunehmen und unterstellte ihm im Nachhinein, den Brief nicht rechtzeitig abgegeben zu haben. Die Folge: Das dreiwöchige Praktikum durfte er nicht im Fotolabor absolvieren, sondern er musste das Holzlager der Schule aufräumen. Nachdem er das mit Elan und Akribie getan hatte, kündigte ihm das Lehrerkollegium eine weitere pädagogische Maßnahme an: Er sollte für mehrere Monate im Wuppertal in einer Gastfamilie leben, dort halbtags auf dem Bauernhof arbeiten und halbtags zur Schule gehen. Alternativ wurde ihm ein Projekt für schwer erziehbare Jugendliche angeboten. Sollte Sandro keines der Angebote annehmen, müsse er leider die Schule verlassen, so die Entscheidung der Schule.

Das Maß war voll. Sandro war kein schwer erziehbarer Jugendlicher, im Gegenteil, seine sozialen Fähigkeiten waren schon damals ausgeprägt, und er ist sehr intelligent. Aber bei seinem Problem mit Disziplin hat er vonseiten der Schule und Lehrerschaft kaum Unterstützung erfahren. Stattdessen wurden ihm Steine in den Weg gelegt. Sandro wechselte die Schule, aber auch von dieser anderen Waldorfschule musste er abgehen. Anfang der zwölften Klasse wechselte er zu „methodos".

Für mich wurde die Zeit in der Schule langweilig, nachdem ich mich entschlossen hatte, mich zurückzuziehen. Die Unterrichtsfächer interessierten mich, aber bis auf wenige Ausnahmen fühlte ich mich nicht gefordert und beschäftigte mich daher außerhalb der Schule tiefer gehend mit den Themen, die mein Interesse geweckt hatten. Zu Hause hatten wir gerade einen Computer mit Internetanschluss bekommen. Das erleichterte mir die Informationsbeschaffung. Außerdem engagierte ich mich zunehmend außerhalb der Schule. Ich hatte das Gefühl: Wenn ich etwas verändern will, muss ich das selbst in die Hand nehmen. Innerhalb dieser Institution würde ich alleine nichts erreichen können.

Ende der elften Klasse schwänzte mein gesamter Englischkurs aus Protest eine halbe Stunde Unterricht. Ich konnte es mir nicht verkneifen, mich dem anzuschließen. Prompt schickte man mir die zweite Abmahnung.

Zwei meiner Lehrer waren darüber erschrocken, und auf ihren Vorschlag hin schrieb ich einen Brief an die Lehrerkonferenz mit der Bitte, die zweite Abmahnung zurückzunehmen. Die Antwort lautete: Man sehe zwar ein, dass diese nicht ganz gerechtfertigt sei, doch der Beschluss der Lehrerkonferenz könne nicht zurückgenommen werden. Allerdings verspreche man mir, dass ich nicht von der Schule verwiesen würde, falls ich nicht etwas außergewöhnlich Schlimmes anstellen sollte. Wieder wurde mir meine Ohnmacht und die Undurchsichtigkeit und Unantastbarkeit der Entscheidungen der Lehrerkonferenz vor Augen geführt. Kein Schüler weiß, was dort besprochen wird. Die wenigsten kennen das Lehrerzimmer von innen, aber es ist der Ort, an dem über die Schüler entschieden wird. Das Unwissen, in dem die Schüler gehalten werden, stärkt die Machtposition der Lehrer – was einem der heutigen Zeit angemessenen Verhältnis zwischen Schülern und Lehrern einfach nicht mehr entspricht. Es herrscht eine Atmosphäre der Angst, man misstraut sich gegenseitig. Das macht die Schulzeit für so manchen Schüler, aber auch für nicht wenige Lehrer zur Hölle. Man schimpft über die „andere Seite" oder beschimpft sie sogar. Eine angenehme Lernatmosphäre ist unter solchen Umständen nicht denkbar. Das Lernen aus Interesse wird in einem solchen Umfeld unterdrückt.

„Ohne den Notendruck würde ich nie meinen Hintern hochbekommen und lernen. ‚methodos' wäre gar nichts für mich. Mich selbst zu disziplinieren, das kann ich einfach nicht", höre ich oft, wenn ich anderen von „methodos" erzähle. Aber was ist das für ein Verständnis von Lernen? Es wird hier nicht als Erkenntnisprozess verstanden, nicht als das Verstehen, das Durchdenken eines Sachverhaltes, Zusammenhanges oder Problems, was im Letzten zu selbstständigem Denken führt. Vielmehr bedeutet herkömmliches schulisches Lernen das Aufnehmen nach dem „Schwamm-Prinzip": Der Schüler soll möglichst viel an Wissen aufsaugen und es auf Druck wiedergeben können.

Nicht nur der Druck, der durch die Notengebung aufgebaut wird, was teilweise auch die natürliche Neugierde der Schüler erstickt, ist problematisch, sondern auch die Selektion, die durch die Notengebung entsteht. Es bleibt die Frage, ob das ein probates Mittel ist, um Menschen zu be- oder eher zu verurteilen. Auch unser Lehrer Dieter sieht die Schwierigkeiten und Unzulänglichkeiten, die ein Benotungssystem mit sich bringt: „Die Notengebung ruft so viele negative Gefühle bei Jugendlichen hervor. Noten beziehen sich ja im Wesentlichen auf die Klassenarbeiten, und ich kenne viele, die davor regelmäßig Bauchweh bekommen, nicht schlafen können, Ängste haben, Depressionen und vieles mehr. Dieser ständige Druck, zu einer bestimmten Zeit einen bestimmten Inhalt bereitzuhaben, ist für viele sehr unangenehm. Zumal immer dann, wenn man mal nicht so intensiv lernen kann – sei es, dass man krank ist oder andere private Probleme hat –, mehr Zeit braucht, um sich einen Inhalt zu erarbeiten. Aber darauf nimmt die Schule keine Rücksicht. Dabei weiß man eigentlich schon lange, dass

Lernen sehr individuell abläuft. Jeder hat ein anderes Tempo in unterschiedlichen Fächern. Die Schule verlangt jedoch, dass alle im Gleichschritt gehen, das Gleiche zur gleichen Zeit erreichen. Das ist auch in dem Alter, in dem die Schüler in der Oberstufe sind, in dem also jeder schon eine selbstständige Persönlichkeit ist, in gewisser Hinsicht menschenverachtend. Man nimmt die Schüler nicht ernst. Man zwingt sie zu etwas, das eigentlich gegen jede Art von Lernpsychologie spricht."

Hinzu kommt, dass Noten auch als Drohmittel eingesetzt werden und damit das Verhältnis zwischen Schülern und Lehrern beeinflussen. Der Lehrer hat die Machtposition inne, während die Schüler von ihm abhängig sind.

Das zerstörende Element „Note" haben die Waldorfschulen abgeschafft, ein nicht zu unterschätzendes positives Grundelement. Ich selbst bin, bei aller Kritik, die ich an der Waldorfschule übe, glücklich, diese Schule besucht zu haben. Und diese Meinung teile ich mit den meisten Waldorfschülern, die zu „methodos" kamen. Vor allem in der Unter- und Mittelstufe werden einem der Freiraum und die Möglichkeiten gegeben, die eigene Persönlichkeit zu entfalten. Weil die künstlerischen und praktischen Fächer hier einen hohen Stellenwert haben, werden Kinder sehr breit gefächert und auch naturbezogen und kindgerecht gebildet. Ich bin überzeugt, dass beispielsweise das kritische Hinterfragen von Vorgegebenem und das Bilden einer eigenen Meinung an der Waldorfschule gefördert und gestärkt werden. „Diese Schule hat gewissermaßen auch Schüler hervorgebracht, die den Mut hatten, ‚methodos' zu gründen. Das sagt auch etwas über ihre Lehrer aus", sagte Jan. Der Versuch, das Streben nach Selbstständigkeit und Mitgestaltung der Schüler in der Oberstufe einzudämmen, hat letztendlich „methodos" erst hervorgebracht. „Dennoch war es den Gründungsschülern immer ein Anliegen, zu betonen, dass ‚methodos' nicht nur aus Abgrenzung gegenüber der alten Schule auf den Weg gebracht wurde", meinte Jan weiter.

Trotz alldem wird die Waldorfschule ihrem Anspruch, alle Schüler, schwache wie starke, mitzunehmen und niemanden auszuschließen, nicht gerecht. Die Tatsache, dass Schüler in der Oberstufe wegen Kleinigkeiten der Schule verwiesen werden, macht dies deutlich. Dadurch werden die im Erwachsenwerden begriffenen Schüler aus ihrem sozialen Umfeld gerissen, in dem sie sich seit über acht Jahren befinden. In dem Moment, in dem sie Hilfe und Unterstützung am nötigsten hätten, lässt man sie allein, setzt sie sozusagen vor die Tür.

Doch auch die Lehrer sind Leidtragende eines veralteten Systems: „Lehrer sind eine der am höchsten belasteten Berufsgruppen. Bis zu 95 Prozent gehen vorzeitig in Pension, die meisten wegen psychischer oder psychosomatischer Beschwerden", schreibt der „Focus" in seiner Online-Ausgabe vom 10.01.2008. Eine traurige, ja erschreckende Tatsache, haben Lehrer doch eine für die Gesellschaft so bedeutende Rolle inne. Die wenigsten Schüler interessieren sich jedoch dafür, was ihr Lehrer ihnen vermitteln möchte, überall stößt er auf Desinteresse. Seine Aufgabe besteht daher weniger darin, den Schülern bei ihrem Lernprozess zu helfen, als vielmehr darin, sie permanent zu motivieren, bei Laune zu halten, „den Hampelmann zu spielen", wie Maria es formulierte. Zudem dient er den Schülern als Zielscheibe für ihre Wut und Frustration, er allein wird für schlechte Noten und Verweise verantwortlich gemacht. Zum Desinteresse der Schüler am Wissen kommt fehlender Respekt der Lehrperson gegenüber. Die Machtposition der Lehrer, an welcher sich viele festklammern, wird von den Kindern und Jugendlichen nicht mehr akzeptiert. Bei jeder Möglichkeit wird sie infrage gestellt. Dennoch werden Lehrer von Schülern daran gemessen, wie sehr sie die Klasse „im

Griff" haben. An der destruktiven Unterrichtssituation sind Schüler also maßgeblich beteiligt. Sie selbst lehnen jedoch häufig jede Verantwortung ab und fallen dadurch in eine Rolle, in der sie nur noch passiv konsumieren. Wenn der Lehrer „es nicht bringt", die Klasse nicht „im Griff hat", wird ihm das durch destruktives Stören des Unterrichts rückgemeldet.

Aus diesem Teufelskreis kann man nur schwer ausbrechen, solange das Schulsystem in seiner heutigen Form besteht, denn es institutionalisiert weiterhin das Machtgefälle und den Zwang, indem es die Rollen von Lehrern und Schülern festschreibt. Beide sind dem mehr oder weniger ohne Spielraum ausgeliefert. Auch ich muss zugeben, dass ich nicht selten meine Rolle in diesem ewig unbefriedigenden Teufelstanz gespielt habe.

„Das Schulsystem ist im Industriezeitalter stecken geblieben", sagte Max. „Es wird viel länger dauern, bis man merkt, dass ein Belehrungssystem nicht mehr hilfreich ist im 21. Jahrhundert. Es wird sich nicht so kurzfristig ändern. Diese Systeme sind sehr stabil und resistent gegenüber Neuerungen. Gerade auch das Bildungssystem", meinte er.

Einige von uns haben selbst Erfahrungen mit der Veränderungsresistenz des Systems gemacht: Wir sind mit unseren Ideen und unserem Engagement immer wieder gegen Mauern gerannt, Schüler wie Lehrer. Auch Dieter meint: „Von dem bestehenden Schulsystem halte ich nichts oder sehr wenig. Und ‚methodos' ist eine mögliche Antwort darauf, es wirklich auszuhebeln. Ob man jetzt Noten erst ein Jahr später vergibt und mehr als Beschreibung eines Zustandes statt als Zensur versteht oder Gemeinschaftsschulen einführt oder so, das ist alles schön und gut, aber es wird an der Schule grundsätzlich nicht viel ändern, glaube ich. ‚methodos' ist ein völlig neuer Ansatz, der ändert wirklich etwas." Wenn wir nicht resignieren wollen, müssen wir aus diesem unbeweglichen System aussteigen. Die Gründung von „methodos" beziehungsweise der Wechsel dorthin wurde durch diese Starre überhaupt erst notwendig. „Uns war klar: Wenn wir etwas ändern wollen, müssen wir es selbst tun", sagt Lenya und spricht uns allen damit aus dem Herzen.

Nicht bei allen Schülern war die Kritik und Unzufriedenheit mit ihrer alten Schule der vorrangige Beweggrund, zu „methodos" zu wechseln. Bis heute kommt ein Großteil der Schüler von alternativen Schulen. Einige davon bieten nur den Realschulabschluss an, und um das Abitur ablegen zu können, müssen die Schüler auf ein Gymnasium wechseln. Oder eben zu „methodos". Bei den Schülern solcher Schulen steht bei ihrem Wechsel die Hoffnung im Vordergrund, ähnlich weiterlernen zu können wie bisher.

Einer dieser Schüler ist Bernhard. Seit der ersten Klasse besuchte er die „Freie Schule Elztal e. V.", eine kleine Schule, deren Pädagogik an die der Waldorfschule angelehnt ist, deren Konzept aber freier und flexibler ist. An dieser Schule machte Bernhard Bekanntschaft mit selbstständigem Lernen in kleinen Gruppen, er lernte, sein Lernverhalten zu erforschen und, was ihm besonders wichtig ist, eine Gesprächskultur innerhalb der Gruppe. Dazu zählten in den oberen Klassen die Vermittlung der Grundlagen gewaltfreier Kommunikation, die auch praktisch angewendet wurden, und die Methoden der Selbst- und Gruppenreflexion. All diese Dinge hatte er schätzen gelernt und hoffte, sie bei „methodos" weiterführen und ausbauen zu können. Er stieß im Sommer 2008 zu dem Projekt, nachdem die erste Gruppe ihr Abitur abgelegt hatte. „Mein Hauptansporn, zu ‚methodos' zu wechseln, war, dass so ein Projekt einfach nicht sterben darf", erzählte er, „und ich wollte mich selbst kennenlernen. Die Offenheit dafür gibt es bei ‚methodos'. Ich wollte herausfinden, was ich selbst schaffen kann. Und ich wollte mein Lernumfeld nicht so anonym halten. Bei ‚methodos' wird man nicht alleingelassen, es gibt einen guten Zusammenhalt, denn das ganze Projekt hängt an der Gruppe. Was mir auch wichtig war, war so zu lernen, wie ich selbst es will. Ich habe herausgefunden, dass jeder Stoff interessant sein kann, wenn man sich selbst aussucht, wie man an ihn herangeht."

Für viele Schüler ist zudem der Reiz des anderen und des Neuen das Ausschlaggebende, zu „methodos" zu kommen. „Ich wollte nicht den ganz normalen, langweiligen Weg gehen, sondern engagiert sein und dieses Abenteuer wagen", sagte Eva nachdrücklich. Sie besuchte in der Unter- und Mittelstufe die „Freie demokratische Schule Kapriole" in Freiburg. Wie der Name schon verrät, können die Schüler hier vollständig frei entscheiden, was sie wann und wie lernen und ob sie überhaupt im schulischen Sinn lernen wollen. Außerdem haben sie bei der Gestaltung der Schule viel Mitspracherecht. Dort legte Eva den Haupt- und Realschulabschluss ab und wechselte dann ans Gymnasium, um das Abitur zu machen. „An der ‚Kapriole' war ich sehr zufrieden, es hat mir Spaß gemacht dort", erzählt sie, „aber am Gymnasium hat es mir nicht so gut gefallen. Es gab dort schon andere Aspekte, die ich gut fand: die große Klasse, in der ich mich zu Hause gefühlt habe, dass alles so gut organisiert und strukturiert war und die guten Materialien, zum Beispiel in Biologie. Aber im Großen und Ganzen hat mir einfach die freie Form besser gefallen. Deshalb habe ich mich dann im Winter von der Schule abgemeldet, bin ein halbes Jahr als Au-pair nach Irland gegangen und dann zu ‚methodos' gekommen. Ich wollte mir selbst einteilen können, was ich lerne, den Unterricht nicht absitzen müssen, sondern nur lernen, was mir wirklich etwas bringt. Dann macht es mir auch Spaß, und ich bin motiviert."

Manchmal ist es auch eine Art Trotz gegenüber sich selbst, der die Schüler zu „methodos" treibt, wie beispielsweise Dorothée. Sie ist dafür sogar von Erlangen nach Freiburg gezogen. „Es ist schon ein Umweg, über ‚methodos' zum Abitur zu kommen, mit fremden Prüfern und ganz neuen Fächern", meint sie. „Und da hört man von anderen oft: ‚Warum nimmst du denn nicht den einfachen Weg?' Ich habe es aus dem Grund gemacht, weil ich eigentlich ein träger Mensch bin. Wenn ich von solchen Projekten beispielsweise in der Zeitung lese oder davon höre, finde ich die immer toll und bin davon auch begeistert. Aber selbst habe ich nie so etwas gemacht, ich habe es mir auch nicht zugetraut. Vielleicht war es aus Trotz gegen mich selbst." Bei dieser Selbsterkenntnis muss sie lachen. Doch sie ist nicht die Einzige, der es so ging. Auch Jon erzählte: „Ich kann mich für alles interessieren, wenn ich nur will. Ich wusste, dass ich einfach faul bin, und das wollte ich überwinden. Wenn ich an der Schule bleiben würde, dachte ich mir, und mein Abi halt so mache, könnte es auch gut sein, dass ich mich weiterhin so durchwurschtele. Vielleicht kommt am Ende etwas Gutes dabei heraus, aber ich wäre in diesem faulen Stadium geblieben. Das war für mich persönlich vielleicht sogar die Hauptmotivation, zu ‚methodos' zu kommen: meine Faulheit zu überwinden."

Ende der elften Klasse, nicht lange, nachdem ich meine zweite Abmahnung bekommen hatte, erfuhr ich von einer Freundin, dass „methodos" weiterhin besteht – nachdem die Ersten ihre Abiturvorbereitung abgeschlossen hatten, war es völlig aus den Medien und auch aus meinem Bewusstsein verschwunden – und dass die Schüler des zweiten Jahrgangs das Projekt auf

zwei Jahre ausgeweitet hatten. Viel wusste ich zu dem Zeitpunkt nicht über „methodos". Hauptsächlich, dass sie das
Schüler-Lehrer-Verhältnis komplett auf den Kopf gestellt haben, indem die Schüler die Lehrer einstellen und sich gegenseitig duzen. Und dass dort alles von den Schülern selbst bestimmt und gestaltet wird.

Bis ich jedoch ernsthaft in Betracht zog, zu „methodos"
zu wechseln, verging eine Weile. Der anfangs von mir als völlig abwegig betrachtete Gedanke hatte sich in meinem Kopf
eingenistet und ließ mich nicht mehr in Ruhe. Dennoch zö-
gerte ich. Tagelang wägte ich das Pro und das Kontra eines
Wechsels zu „methodos" gegeneinander ab. Ich legte eine Tabelle an, in der ich alle meine Bedenken und Hoffnungen auf-
listete. Die wichtigsten Punkte in der Spalte „Pro ‚methodos'"
waren Gestaltungsfreiheit und Mitspracherecht bzw. -pflicht
und dass ich lernen müsste und nicht mehr unterfordert wäre. Demgegenüber stand auf der „Kontra-‚methodos'"-Seite,
dass ich selbstverantwortlich arbeiten müsste und mir die damit verbundene Disziplin nicht zutraute. Außerdem befürch-
tete ich, dass damit Stress verbunden wäre. Gegen die Waldorfschule sprach, dass ich mich dort „hängen ließ" und
kaum etwas lernte, dass ich keine Gestaltungsfreiheit und
kein Mitspracherecht hatte, was ich so oft versucht hatte ein-
zufordern. Aber es gab auch Punkte, die für die Waldorfschule sprachen: meine Klassenkameraden, die in der zwölften
Klasse anstehenden Aktivitäten und die Klassenfahrt. Außerdem hätte ich an der Waldorfschule keine Verpflichtungen,
müsste keine Verantwortung übernehmen und könnte mich
vom System tragen lassen. Auch das hat seinen Reiz – die Be-
quemlichkeit. Doch der Reiz des Abenteuers und die Hoffnung, alles anders und selbst machen zu können, wogen
schwerer. Kurz vor den Sommerferien besuchte ich die kleine

„methodos"-Truppe, bestehend aus vier Leuten, im Garten von Simon, einem der Schüler. Sie saßen dort in einer Weinlaube und arbeiteten gemeinsam an einem Artikel für eine Zeitschrift. Aus ihrem Lernraum hatten sie schon ausziehen müssen, aber bei dem schönen Sommerwetter bedauerte niemand, dass sie im Garten sitzen konnten.

Als ich kam, unterbrachen sie ihre Arbeit für eine halbe Stunde, um mir meine Fragen zu beantworten und zu erzählen, wie der Alltag bei ihnen aussah. Leicht verwirrt wurde ich von Bernhard. Ihm war „methodos" sehr wichtig, er nahm alles sehr ernst und war ein ausgesprochener Pläneliebhaber. Er sprach gerne und viel und ergriff als Erster das Wort: „Wir treffen uns acht Stunden am Tag, von 9 bis 17 Uhr. Aber damit du mit dem Stoff durchkommst, musst du noch circa zehn Stunden die Woche zu Hause lernen." Zum Glück relativierte Ramona, das einzige Mädchen in der Gruppe, seine Aussage: „Das machst du! Nicht jeder hier!" Außer diesem Schrecken über die Lernzeit war mein Eindruck von der „methodos"-Gruppe sehr positiv: Es wurde mir bestätigt, dass jeder Schüler alles aktiv mitgestaltet, von der Organisation über den Stundenplan bis hin zum Unterricht. Und die vier Schüler, die da vor mir saßen, machten auf mich den Eindruck, dass sie sich viele Gedanken darüber gemacht hatten, wie sie lernen wollten. Sie hatten ihre eigene Meinung, was die Gestaltung der Schule anbetrifft, und wirkten im Vergleich zu meinen Klassenkameraden und mir viel erwachsener. Aber überzeugt war ich noch nicht. Einen meiner Waldorflehrer, zu dem ich ein gutes Verhältnis hatte und von dem ich wusste, dass er sich auch mit „methodos" beschäftigt hatte, bat ich um eine Einschätzung. Zu meiner großen Verwunderung riet er mir dringend davon ab, zu „methodos" zu wechseln. Das sei viel mehr Arbeit, viel anstrengender, ich müsste sehr diszipliniert sein, und außerdem würde mein Abitur mit Sicherheit dort schlechter ausfallen, sagte er. Den letzten Punkt betonte er extra. Seine entschiedene Position verunsicherte mich zusätzlich.

Wie ich bei meinem Besuch erfahren hatte, sollte das Schuljahr bei „methodos" zwei Wochen früher als an den übrigen Schulen beginnen. Diese Möglichkeit nutzte ich, um dort sozusagen zwei Probewochen zu lernen und mich dann anschließend endgültig zu entscheiden. Diese zwei Wochen schafften es, mich zu überzeugen: Alle meine Vorstellungen wurden weit übertroffen. Zu diesem Zeitpunkt konnte ich noch nicht sagen, woran es lag, aber mir machte alles unglaublich viel Spaß: vom Herumtelefonieren, um einen Raum zu finden, über das gemeinsame Flyer- und Websitentexteschreiben bis hin zu den stundenlangen Gesprächen in der Gruppe zu Themen wie: Was ist für mich „methodos" und warum bin ich hier? Und am allermeisten Spaß machte mir der Unterricht. Auf jedes einzelne Fach freute ich mich, jedes war spannend und interessant. Dieser Rollenwechsel von der passiven Konsumentin zur Verantwortlichen hatte unerwartet intensive Auswirkungen: auf mein Verhalten, auf meine Sichtweise, auf die Freude, mit der ich die Dinge anging. Ich war begeistert.

Das Konzept ist: Es gibt keines

Die grundlegende Idee war also, dass Schüler ihre eigene Schule machen. Sie war durchaus interessant, es schien etwas ganz Neues zu sein. Aber wo ist das Konzept dafür? Die Antwort lautet: Das gibt es nicht. Zumindest nicht in einer abgeschlossenen, endgültigen Form. Aber es gibt einige grundlegende Prinzipien, auf denen „methodos" aufgebaut ist.

Die Basis von allem ist, dass Schüler ihre Ideen und Vorstellungen von guter Schule und Bildung verwirklichen. Dafür ist „methodos" der Rahmen. Die konkreten Methoden, Arbeitsgrundlagen und Vorgehensweisen sollen sich aber aus dem Tun heraus entwickeln. „methodos" in seiner konkreten Form wird immer (neu) definiert durch die Schüler, die sich zu dieser Gruppe zusammenfinden, von ihnen geht alles aus. Wenn ich also sage, es gibt kein Konzept, meine ich damit: Es gibt keinen Leitfaden, nach dem gehandelt wird, sondern nur die Ideen oder Visionen der Schüler, die Erprobung derselben in der Realität und die Anpassung daran. „methodos" wird in einem Prozess von den Schülern ihren Bedürfnissen entsprechend geformt, es ist immer im Werden. Das geschieht unter bestimmten Bedingungen: dass die Schüler selbstbestimmt sind und vor allem, dass sie die volle Verantwortung für ihr Projekt tragen. „Der Einzelne kann erleben: Ich bin für das Gelingen oder das Scheitern von dem, was ich vorhabe und mache, selbst verantwortlich. Und zwar nicht nur mir selbst, sondern auch der Gruppe gegenüber. Das ist ganz zentral und macht unglaublich viel aus", meint auch Elena. Und das bekam auch ich unmittelbar zu spüren. Plötzlich war alles, was ich tat, meinte und sagte, relevant, und ich spürte die Konsequenzen meines Handelns. Und wenn ich nichts tat, dann passierte auch nichts. Aber es kam dann niemand und sagte mir: Du musst jetzt!

Max meinte dazu: „Klar werden auch andere reformpädagogische Projekte umgesetzt, aber dabei ist das Verhältnis umgekehrt: Es ist nach wie vor die Lehrperson, die das Programm vorgibt und mehr oder weniger in der belehrenden Rolle verhaftet bleibt." Dieses Prinzip, dass Schüler vorgeben, was sie brauchen, und es selbst umsetzen, war neu.

Die Selbstverantwortung der Schüler geht bei „methodos" sogar so weit, dass sie sich selbst das Recht zu Scheitern zugestehen. Auch mich irritierte das anfangs, aber jetzt lege ich großen Wert darauf. Es bedeutet, dass man als Schüler auch mal „stürzen" darf, um dann um eine eindrückliche Erfahrung reicher wieder aufzustehen und diesen Fehler nicht wieder zu begehen. Die Konsequenzen des eigenen Handelns werden dadurch direkt erfahrbar und nicht abgeschwächt durch jemanden im Hintergrund, der den Schaden begrenzen will, indem er die Schüler auffängt, bevor sie fallen. Wobei jedoch das Recht zu Scheitern in keinster Weise bedeutet, dass man keine Ratschläge annimmt.

Für die Entwicklung von „methodos" gilt ein Grundsatz, der unumstößlich ist: Die Kommunikation innerhalb der Schülergruppe, aber auch mit allen anderen am Projekt Beteiligten, wie Lehrern, Begleitern der sozialen Prozesse usw., muss gewährleistet sein. Im intensiven Austausch und der Diskussion kann das gemeinsame Projekt erst wachsen. Was dann daraus entsteht, ist offen. Auf dieser Basis ist alles möglich.

Das kann auch bei „methodos" jedes Jahr komplett anders aussehen. Da „methodos" definiert wird durch die jeweiligen Schüler und die Gruppe, verändert es sich mit jedem Schüler, der dazustößt, und ganz grundsätzlich zu Beginn eines jeden Schuljahres, wenn die Schülergruppe sich neu zusammenfindet. Durch die hohe Flexibilität passt sich „methodos" den jeweiligen Bedürfnissen der Schüler und der Dynamik der Gruppe an. „Wir wollten eine Struktur schaffen, die eigentlich keine Struktur ist", sagte Lenya, eine der Gründerinnen, und meinte damit, dass „methodos" einen Rahmen bildet, innerhalb dessen alles möglich ist. Es macht „methodos" zu etwas Besonderem, das sich immer verändert und in ständigem Wandel begriffen ist. Es ist ein lebendiger Organismus, und seine Institutionalisierung oder der Stillstand würden die ursprüngliche Idee von „methodos" ad absurdum führen.

Dennoch hat sich in den letzten Jahren eine Art unge-
schriebene Struktur entwickelt. Es gibt, wenn auch kein Konzept, so doch im Prinzip eine Tradition. Das betrifft nicht nur
die Organisation (der Verein „methodos" wird beispielsweise
von jeder neuen Gruppe übernommen), sondern auch bestimmte Werte und Schwerpunkte der gemeinsamen Arbeit.
Zwar ist diese Tradition nicht bindend, sie ist jederzeit änder-
bar, und es gibt auch immer wieder große Unterschiede in den
verschiedenen Jahrgängen. Dennoch kann ich hier eine grund-
sätzliche Kontur nachzeichnen, ohne dass ich damit einer der
Gruppen nicht gerecht würde.

Ein großes Anliegen der meisten Schüler, die bei „methodos" sind, ist zum Beispiel, sich über die Abiturinhalte hinaus
zu bilden. Dieser Wunsch schlägt sich nieder in der Ausgestaltung des Projekts. Dadurch wird neben dem inhaltlichen Lernen für das Abitur dem Lernen in Organisation und dem sozialen Miteinander ein hoher Stellenwert eingeräumt. Die
Grundlage aller Zusammenarbeit ist Demokratie. Bildung
wird als Persönlichkeitsentwicklung begriffen. Deshalb übernehmen die Schüler bei „methodos" auch selbst die Organisation ihrer kleinen „Schule", um darin ganz praktische Kompetenzen zu erwerben: angefangen bei banal scheinenden
Dingen wie dem Telefonieren mit Behörden oder potenziellen
Spendern, was anfangs viel Überwindung kostet, über die
Funktionsweise von und den richtigen Umgang mit Behörden
und Öffentlichkeitsarbeit bis hin zu Finanzverwaltung und
rechtlichen Grundlagen eines Vereins. Kurz: die eigenständige
Leitung eines ganzen Unternehmens. In der Organisation wird
die Verantwortung der Schüler am deutlichsten, denn jede
Handlung zieht sofort Konsequenzen nach sich, positive wie
negative. Auf alle die genannten Fähigkeiten ist man bei
„methodos" direkt angewiesen. Das ist hier praktisch, nicht

abstrakt, wie es in der Schule so oft zu sein scheint, denn auf die Frage, wofür zum Teufel man all das Gelernte in seinem Leben je brauchen wird, kann einem oft genug niemand eine zufriedenstellende Antwort geben.

Bei „methodos" sind alle direkt aufeinander angewiesen und voneinander abhängig. Wenn beispielsweise Florian das Layout für den Flyer entwirft, braucht er vorher die Texte von mir. Wenn ich diese nicht rechtzeitig abliefere, kann er nicht arbeiten. Teamfähigkeit wird hier also ausgebildet und Zuverlässigkeit erwartet.

Die Menschen bei „methodos" sind, um das Projekt erfolgreich organisieren zu können, auf eine funktionierende Gruppe angewiesen. Es steht und fällt mit der Gruppe, und wenn sie nicht lebensfähig ist, wird es auch das Projekt nicht sein. Nicht nur deswegen wird sehr viel Wert auf den sozialen Lernbereich gelegt, der sowohl Persönlichkeitsentwicklung als auch soziale Kompetenzen in der Gruppe umfasst. Für viele Schüler ist das sogar der wichtigste Aspekt von „methodos". Im Rückblick kann ich sagen, dass ich bei „methodos" in keinem Bereich so intensiv und viel gelernt habe wie im sozialen Miteinander. Die Erfahrungen, die ich hier sammeln konnte, werden mich mein Leben lang begleiten und bereichern.

Schon durch die Selbstbestimmung und -verantwortung, mit der ein Schüler bei „methodos" konfrontiert wird, macht er einen großen Schritt in der Entwicklung seiner Persönlichkeit. Aber das soziale Lernen findet auch und vor allem in der Schülergruppe statt. Hier treffen die kreativen Potenziale, die Individuen, die Charaktere aufeinander. In dem Prozess, das Miteinander, auf das wir angewiesen sind, harmonisch zu gestalten, zu einer guten Zusammenarbeit zu gelangen und jedem dabei die Entwicklung seiner Persönlichkeit zu gewährleisten, wird soziale Kompetenz ausgebildet: Kommunikationsfähigkeit, der konstruktive Umgang mit Konflikten und im Zusammenhang damit Toleranz, Respekt und Kompromissbereitschaft, Reflexionsfähigkeit, Verständnis, Empathie und vieles mehr. Da die sozialen Prozesse bisher in jeder „methodos"-Gruppe einen sehr hohen Stellenwert hatten, ist allen auch der bewusste Umgang damit sehr wichtig. Raum dafür gibt es vor allem in den wöchentlich stattfindenden Reflexionen, in welchen sowohl Gruppenprozesse als auch die Situation Einzelner genau beleuchtet werden. Zudem wird hier das inhaltliche Lernen reflektiert. Auch das spielt selbstverständlich eine zentrale Rolle, denn alle wollen das Abitur schaffen. Schließlich war das auch der Gedanke bei der Gründung von „methodos": selbstverantwortlich lernen zu können. Allerdings muss man dabei eine große Einschränkung hinnehmen: die Lehrplanvorgaben, die genau regeln, welcher Inhalt abiturrelevant ist. Da auch bei „methodos" nur begrenzt Zeit zur Verfügung steht, beugt man sich diesen Vorgaben weitgehend und konzentriert sich in der Gestaltung des inhaltlichen Lernens auf die Frage nach der Art der Aneignung des Wissens. Wenn man einmal seinen eigenen Zugang dazu gefunden hat, kann eigentlich jeder Stoff interessant werden. Im Zentrum steht auch dabei wieder, dass die Schüler die volle Verantwortung tragen, sowohl für die gewählten Methoden als auch für das persönliche Lerntempo und den Erfolg, sowohl dafür, dass der Unterricht gut ist, als auch dafür, welche Lehrer unterrichten.

Die Schüler suchen die Lehrer selbst aus und stellen sie auch an. Bei „methodos" wurde das herkömmliche Schüler-Lehrer-Verhältnis nahezu umgekehrt. Es sind nicht die Lehrer, die etwas von den Schülern verlangen, sondern die Schüler wollen etwas vom Lehrer. Sie wollen lernen und bitten den Lehrer darum, ihnen zu helfen. Seine Hilfe ist immer an den Bedürfnissen der Schüler orientiert. Die Lehrer haben auch kein festes Konzept, wie sie unterrichten wollen, sondern sind offen, sich auf die Wünsche der Schüler einzulassen. Oft betreten sie den Lernraum mit der Frage: „Was wollt ihr von mir? Was braucht ihr, und wo steht ihr gerade?" „Wir bieten Hilfestellung an, sind aber nicht beleidigt, wenn sie nicht angenommen wird", meint Maria. Die Schüler gestalten den Unterricht dann aktiv mit, bringen eigene Ideen und Vorstellungen ein und reflektieren, ob die angewandten Methoden ihnen sinnvoll erscheinen und sie weiterbringen oder ob sie gerne etwas anderes ausprobieren möchten. Auch die Lehrer werden von den Schülern reflektiert, und auch sie begreifen sich als Lernende. Es herrscht eine offene, vertrauensvolle Atmosphäre, in der sich Schüler und Lehrer duzen.

Die Motivation geht von den Schülern aus, im Wesentlichen erzeugt durch Selbstständigkeit und Eigenverantwortung. Wenn es damit doch einmal „haken" sollte, helfen sie sich gegenseitig in den Reflexionen. Von Lehrerseite wird jedoch kein Druck ausgeübt. Das wollen die Schüler nicht, und auch die Lehrer haben darauf keine Lust: „Das Zentrum der Sache ist, dass das Interesse von euch aus kommt. Ich würde auch sofort aufhören, wenn ich die Methodosler zu irgendetwas nötigen, drücken oder zwingen müsste. Denn diese Polizistenrolle, das soll ein anderer machen. Das habe ich als Lehrer oft genug gemacht, aber ich bin dafür nicht ausgebildet", sagt Hans-Peter.

Tests und Arbeiten werden als Wissensüberprüfung verstanden, doch der Zeitpunkt dafür wird von jedem Schüler selbst festgelegt. Die Rückmeldungen der Lehrer werden von den Schülern auch als solche aufgefasst, sie sind auf die Sache bezogen und fern jeder persönlichen Wertung. Die Lehrer fühlen sich weder für das Gelingen des Abiturs der Schüler verantwortlich – darauf bestehen auch die Schüler! – noch beeinflussen die Noten, die als Einschätzungshilfe gegeben werden, die Abiturnote. Die „methodos"-Schüler werden nicht von ihren Lehrern geprüft, sondern von Prüfern eines Gymnasiums, dem die Schüler zur Prüfung zugeteilt werden. Diese Regelung ist durch das sogenannte „Abitur für Schulfremde" in Baden-Württemberg festgelegt. Das hat die negative Seite, dass die Prüfer ihre Prüflinge nicht persönlich kennen und umgekehrt, was eine wirkliche Einschätzung und faire Bewertung der Schüler erschwert. Andererseits erleichtert es jedoch einiges im Verhältnis zwischen Lehrern und Schülern bei „methodos": Es ist entspannter, und der Schüler muss sich nicht bemühen, möglichst gut beim Lehrer dazustehen.

Der Anspruch der Schüler, selbstständig zu sein oder zu werden, spiegelt sich auch im Lernen für das Abitur wider. Die Wissensaneignung geschieht zum großen Teil selbstständig, also ohne Lehrer. Im Unterricht oder, wie es bei „methodos" genannt wird, in den „Lehrerstunden" werden dann Verständnisfragen gestellt, Zusammenhänge besprochen und das Thema gemeinsam diskutiert. So ist Unterricht auf einem hohen Niveau möglich. Daher nehmen die Lehrerstunden durchschnittlich auch nur ungefähr die Hälfte der gemeinsam verbrachten Zeit bei „methodos" ein. Die andere Hälfte wird mit Organisation und inhaltlicher Gruppen- und Eigenarbeit gefüllt.

Das Ziel bei „methodos" ist, das richtige Maß an Gruppen- und Eigenarbeit zu finden – aber das ist nicht leicht zu erreichen. Gute Gruppenarbeiten und Diskussionen sind eine große Bereicherung, und die gegenseitige Unterstützung empfinden alle als sehr wertvoll. Wir möchten jedoch auch, dass jeder Schüler seinen individuell richtigen Lernweg finden kann, weil dieser die Grundlage für die Freude am Lernen und damit für erfolgreiches Lernen bildet. Die Lehrer und auch die Reflexionsgespräche unterstützen den Schüler bei seiner Suche nach seinem Lernweg. Dazu gehört auch, dass jedem die von ihm benötigte Zeit eingeräumt wird. Im Pendeln zwischen diesen zwei Polen, der Gruppenarbeit und der Einzelarbeit, lernen die Schüler ihr Lernverhalten immer besser kennen.

Die Lernmethoden selbst sollen wieder durch das Experimentieren entwickelt werden. Keiner aus der „methodos"-Gruppe hat eine fertige Vorstellung davon, wie gelernt werden soll. Alle haben dazu jedoch Ideen und machen sich Gedanken darüber, was gut läuft und wo es Verbesserungspotenzial gibt. Es ist ein lebendiger Prozess, in dem mal Gesprächsrunden, mal Frontalunterricht ausprobiert wird, mal intensive Gruppenarbeit, mal längere Zeiträume von Einzelarbeit, mal Epochenunterricht, mal jedes Fach wöchentlich, je nachdem, was die Schüler gerade brauchen und was ihnen sinnvoll erscheint. Wichtig ist dabei, dass die Schüler sich bewusst machen, ob die Methodik gerade stimmig ist, dass alles reflektiert wird und dass sie aktiv den Unterricht mitgestalten.

Dass die Schüler bei „methodos" außergewöhnlich aktiv sind, bedeutet nicht gleichzeitig, dass die Lehrer sich vollständig zurückziehen. Auch sie bringen ihre Vorstellungen und Ideen mit ein, aber immer nur als Vorschläge. Das ist wichtig für die Gruppe, denn die Lehrer sind schließlich die ausgebildeten Pädagogen. So ist bei „methodos" kein Unterricht wie der andere, in jedem wird nach einem anderen „Konzept" gearbeitet. Man kann es auch „learning by doing" nennen, das Prinzip, nach dem die Schüler versuchen, die für sie jeweils adäquate Lernmethode zu finden, wie man beinahe alles, was bei „methodos" geschieht, mit „learning by doing" überschreiben könnte, denn es zieht sich wie ein roter Faden durch das gesamte Projekt. Jede Gruppe erfindet es für sich neu und erforscht im Tun, durch Erfahrungen, Erfolge und Niederlagen, welches der richtige Weg für diese Gemeinschaft ist und wie sie ihr eigenes Projekt erfolgreich durchführen kann.

„Was mich vor allem stark beeindruckt hat, ist, dass sich das, was ihr selbst für euch als hilfreich empfunden habt, komplett mit dem deckt, was ich Lehrpersonen, die ich unterrichte, aus den Erziehungswissenschaften, aus der Gehirnforschung, der Motivationsforschung, der Lernforschung und so weiter weiterzugeben versuche. Dass man Spaß am Lernen haben, dass man sich partnerschaftlich austauschen sollte, dass die Beziehungsebene ein wichtiger Faktor ist, das sind alles Dinge, die sich hundertprozentig mit den theoretischen Ansätzen decken. Das habt ihr aber selbst aus dem Prozess heraus erarbeitet, ohne dass ihr wahrscheinlich groß erziehungswissenschaftliche Bücher gelesen habt. Es hat auf mich einen sehr großen Eindruck gemacht, dass das bei euch so organisch gewachsen ist und dass ihr über das Tun, das Umsetzen, zu denselben hilfreichen Erkenntnissen kommt, wie sie uns aus der Theorie längst bekannt sind", sagt Max.

Was bleibt, ist nur, dass alles anders wird: Das Prinzip der Veränderung

Eine der grundlegenden Ideen, die ich mehrfach erwähnt habe, möchte ich hier ausführlicher betrachten: das Prinzip der Veränderung.

Von außen gesehen hat sich das Projekt „methodos" in den fünf Jahren seines Bestehens nicht groß verändert. Jede Schülergeneration führt weiter, was die erste begonnen hat: die selbstbestimmte Vorbereitung auf das Abitur. Dabei trägt sie die Verantwortung für ihre eigene kleine „Schule", stellt ihre

Lehrer selbst an und experimentiert mit unterschiedlichen Lernmethoden. Nähert man sich „methodos" jedoch, geht man aus der Vogelperspektive der öffentlichen und medialen Sichtweise mit dem Projekt, der Schülergruppe, den einzelnen Individuen auf Tuchfühlung, entdeckt man deutliche Veränderungen. Diese kann man einerseits am einzelnen Schüler beobachten, denn jeder durchläuft bei „methodos" einen Prozess, der eindrückliche Spuren hinterlässt und die Persönlichkeit bildet. Andererseits verändern sich die Gruppe und ihre Dynamik mit jedem Mitglied und grundsätzlich zu Beginn eines Schuljahres, wenn sie sich neu zusammensetzt. „methodos" als der Rahmen, in dem die Schüler zueinanderfinden, um gemeinsam ihre Ideen zu entwickeln und umzusetzen, ist so flexibel, dass es sich der Dynamik der Gruppe anpasst. Diese Eigenschaft erst ermöglicht es, dass „methodos" für jeden Schüler optimal sein kann. „Ich muss mich bei ‚methodos' keiner Institution anpassen, sondern nur der Gruppe", sagte Bernhard dazu.

Mich selbst hat es überrascht, wie sehr sich der Charakter des Projektes veränderte, als ich und Jaska, mit der ich Abitur gemacht hatte, es verließen und unsere Plätze von anderen Menschen, anderen Charakteren eingenommen wurden. Ich hatte zwei Jahre lang immer wieder betont, wie wichtig die dynamische Veränderung des Projektes ist. In dieser Zeit war ich selbst Teil des lebendigen Prozesses, weshalb mir zwar klar war, wie wichtig dieser ist, aber nicht, wie groß die Veränderungen innerhalb eines „Jahrgangs" tatsächlich waren. Erst als ich die neue Gruppe mit einem Schritt Abstand beobachtete, wurde mir das Tiefgreifende dieser Wandlung bewusst. Diese Eigenschaft unterscheidet „methodos" von jeder Institution und lässt es zu einem Rahmen werden, in dem Freiheit und freie Entfaltung möglich, ja notwendig sind. Dass diese Flexibilität wichtig ist für den Charakter von „methodos", darin sind sich alle Beteiligten einig. Doch genau aus dieser wesentlichen Eigenschaft entstehen auf der anderen Seite Probleme und ergibt sich einiges an Diskussionsstoff.

Immer wieder wird die Frage aufgeworfen, ob es nicht auch eine gewisse Kontinuität geben sollte. Dieter beispielsweise wünscht sich einen „über Jahre hinweg andauernden Prozess" in der Entwicklung von Lernmethoden und der Organisation, und damit ist er nicht alleine. Aber in der Praxis gibt es außer der förmlichen Übergabe bei der Mitgliederversammlung keine wirkliche Übergabe des Projektes von der sich verabschiedenden Generation an die nachfolgende. Wissen und Erfahrungen der Abiturienten werden nur sehr spärlich weitergegeben. Stattdessen starten die Schüler jedes Jahr aufs Neue nahezu von vorne, arbeiten sich selbst in die rechtlichen Grundlagen, in die Finanzverwaltung, die Öffentlichkeitsarbeit und so weiter ein. Das ermöglicht einerseits den maximalen Lerneffekt bei den Schülern, denn keine Gruppe kann sich auf den Erfolgen der Vorgänger ausruhen, sondern muss selbst alles geben und sich in die Organisation einarbeiten. Auf der anderen Seite kann das dazu führen, dass sich neue Schüler „ins kalte Wasser geworfen" fühlen und jedes Jahr aufs Neue die Fehler der vorangegangenen Generation wiederholen. Aber dass vom ideellen Gerüst der Vorgänger kaum etwas weitergegeben wird und dass sich die neuen Schüler in der Situation wiederfinden, eigene Ideen entwickeln und umsetzen zu müssen, ist noch problematischer: Viele neuen Schüler fühlen sich überfordert und orientieren sich an dem, was sie von „methodos" wissen. Ihre Informationen haben sie meist aus den Medien, und hier wurde oft ein Bild geprägt, das nicht immer der Realität entsprach. Das hat beispielsweise das Lehrer-Schüler-Verhältnis bei „methodos" beeinflusst: Die neuen Schüler hatten in der Zeitung gelesen, dass hier die Schüler allein das Sagen hätten, während in Wirklichkeit vieles gemeinsam mit den Lehrern entschieden wurde. Daraus entstanden im dritten „methodos"-Jahr Reibungen zwischen einigen Lehrern und Schülern.

Die Erkenntnis, dass die fehlende Übergabe des Projektes Probleme verursachte und dadurch die Vorstellungen von „methodos" und den Rollenverteilungen sehr weit auseinandergehen, führte dazu, dass Jan und Elena anregten, gemeinsam ein Konzept von „methodos" zu erarbeiten. Sie hatten eine Dynamik in der Gruppe aufkommen sehen, die sie selbst nicht unterstützen und der sie entgegensteuern wollten. „Recht früh waren innere Abgrenzungsbewegungen sichtbar, innerhalb der Gruppe, aber auch von der Gruppe zu den Begleitern. Da kam eine neue soziale Dynamik auf, und es fand eine Neudefinition der Schülerschaft statt, aber in Unabhängigkeit von den Lehrern und der Begleiterin. Es ist eine neue Vorstellung davon entstanden, wie sie sich begleiten lassen wollten", erzählte Jan. Ihr Vorschlag, gemeinsam ein Konzept für „methodos" zu erarbeiten, begeisterte mich.

Nach einem langwierigen Gespräch in unserem fensterlosen Raum mit Neonlicht, der eigentlich als Übergangslösung gedacht war und dann doch für mehrere Monate unser Lernraum wurde, war ich erschöpft, aber euphorisch. Mit ein paar Mitschülern führte ich das Gespräch in der Straßenbahn weiter. Wir würden unser eigenes Grundgesetz ausarbeiten, schwärmten wir, und könnten uns ganz grundsätzlich überlegen, wie wir eigentlich zusammenarbeiten wollen, welche Prinzipien uns wichtig sind. Das würde mit Sicherheit auch nicht leicht sein, dachten wir uns.

Sandro und ich übernahmen es für die Schüler, im Vorhinein Vorschläge auszuarbeiten, an denen wir dann im großen Kreis gemeinsam arbeiten könnten. Jan und Elena erarbeiteten Vorschläge von Lehrerseite aus. Wir luden alle derzeitigen und ehemaligen Schüler sowie Lehrer ein, einige Tage in den Weihnachtsferien gemeinsam wegzufahren, um dieses Konzept zu erarbeiten. Die Gruppe, die in den verschneiten Südschwarzwald aufbrach, um dort in den Räumen der kleinen Waldorfschule Dachsberg die Leitlinien von „methodos" auszuarbeiten, bestand letztendlich doch nur aus der aktuellen Schülergruppe, wobei auch da der ein oder andere fehlte, und Jan und Elena. Es wurden drei intensive und produktive gemeinsam verbrachte Tage. An den Abenden haben wir zusammen gekocht, unter großem Gelächter gespielt oder DVDs angeschaut. Am Morgen brachen wir in die 15 Minuten Fußmarsch entfernte Schule auf, um zu arbeiten.

Sandro und ich hatten uns im Vorhinein die Rechte und Pflichten von Schülern, Lehrern und des Begleiters/der Begleiterin überlegt und in Listen zusammengestellt. Jan und Elena hatten einen grundsätzlichen, „methodos" definierenden Satz ausgearbeitet und die Entscheidungszuständigkeiten innerhalb des Projektes klar aufgelistet. Nach drei Tagen intensiver Diskussion hatten wir in Kombination der beiden Vorschläge ein Grundsatzpapier ausgearbeitet, in dem ein komplizierter Leitsatz festgehalten wurde – wir hatten um nahezu jedes Wort gerungen – und eine Erklärung, dass sich bei „methodos" alle Beteiligten als Lernende begreifen, sowie eine Erläuterung, welche Kompetenzen und Fähigkeiten bei „methodos" im Vordergrund stehen. Im zweiten Teil bestand unser Konzept aus einer detaillierten Auflistung, welche Konferenz (zum Beispiel: Lehrer-Schüler-Konferenz, Schüler-Begleiter-Konferenz usw.) mit welchem Stimmverhältnis (Konsens, Mehrheitsentscheid usw.) über welche Frage entscheiden darf.

Produkt dieses Treffens war aber nicht nur unser Konzept, sondern auch, dass wir uns in der Gruppe besser kennengelernt und uns intensiv mit unseren Vorstellungen, wie wir gemeinsam arbeiten wollten, auseinandergesetzt hatten. In langen Diskussionen hatten sich unsere eigenen Ideen herauskristallisiert, und seit diesem Konzepttreffen habe ich mich auch selbst bewusster nach meinen eigenen Vorstellungen befragt.

Ausgearbeitet war unser „Grundgesetz" damit, aber noch nicht verabschiedet. Das musste die „Gesamtkonferenz" aus Schülern, Lehrern und Begleiterin tun. Das erste Hindernis: In dieser Gesamtkonferenz mussten alle anwesend sein – laut unserem Konzept –, sonst war sie nicht beschlussfähig. Als das erreicht war und wir abends in unserem Lernraum beisammensaßen, um den Lehrern und Schülern, die bei der Ausarbeitung nicht dabei gewesen waren, das Konzept zu erklären, kamen immer wieder Verständnisprobleme auf. Uns wurde klar, dass nur die, die den Prozess der Erarbeitung des Konzeptes mitgemacht hatten, verstanden, was wir hatten festhalten wollen und sich damit identifizieren konnten. Also wurde an diesem Abend der Leitsatz überarbeitet und auch an dem Konzept für die Konferenzen gefeilt. Das zog sich in die Länge. Der erforderliche Konsens zur Verabschiedung des Konzeptes wurde trotzdem nicht erreicht. Und das bis heute nicht. Auch die Schüler, die an der Ausarbeitung beteiligt waren, darunter auch ich, begannen, die strikte Struktur des Konzeptes anzuzweifeln. Ein solches eher bürokratisches Gerüst, bei dem versucht wird, alle Möglichkeiten zu berücksichtigen und mit Regeln zu belegen, muss in einer dynamischen Gruppe scheitern oder erstickt diese. Es macht Spontanität überflüssig oder schränkt sie zumindest ein. Zudem engt es den Einzelnen durch die angeblich notwendigen Regeln ein. Jan sagte einmal: „Da ist das Grundthema am ehesten zu Hause: Effizienz versus Eigenlernen. Das ist immer nur im Moment, aus der Situation heraus, lösbar." Sehr treffend hat er hier in Worte gefasst, was, denke ich, auch für Gruppenprozesse und die demokratische Zusammenarbeit gilt. Wichtig und notwendig ist in diesem Moment die Spontanität und die Einschätzung des Problems nach menschlichen Maßstäben, nicht nach denen einer Konferenzenliste.

Zwar ist in unserem Grundsatzpapier festgehalten, dass „methodos" im Wandel begriffen ist und deshalb die Verfassung immer wieder überarbeitet werden muss. Dennoch war die Formulierung hier darauf ausgelegt, generationenübergreifend zu wirken. Das hat bei mir im Nachhinein die Befürchtung hervorgerufen, dass dadurch die grundlegende Veränderlichkeit, die Anpassungsfähigkeit des Projektes an jede Gruppe und jeden Schüler, einschränkt werden könnte. Diese Anpassungsfähigkeit ist so grundlegend für „methodos", dass sie nicht gefährdet sein sollte.

Wie weit jedoch diese Veränderungsfähigkeit gehen sollte und ob es falsch ist, grundlegende gemeinsame Werte festzuhalten, wird weiterhin diskutiert. Dazu wird das Konzept auch immer wieder herangezogen, weil es für viele so etwas wie der „kleinste gemeinsame Nenner" ist, mit dem sie grundsätzlich übereinstimmen. Das Bedürfnis nach Selbstständigkeit in seiner reinen Form und nach der Möglichkeit, jedes Jahr komplett neu zu gestalten, führt bei vielen Schülern zu der Ansicht, dass „methodos" ein Phoenix sein sollte: jeden September aus der Asche des vorherigen entstehend und im Juli wieder zu Asche zerfallend. Die Gemeinsamkeit ist lediglich die grundlegende Idee, dass Schüler ihre Schule selbst machen.

Das bedeutet jedoch nicht, dass es nicht förderlich ist, eine gemeinsame Basis zu haben, auf der in der Gruppe zusammengearbeitet wird. Je nach Gruppengröße und je nachdem, ob sich die Schüler vorher kennen oder nicht, ist es auch wichtig, diese schriftlich festzuhalten. Das erkannten auch die Schüler der „methodos"-Gruppe, die sich im Herbst 2011 zusammenfand. Sie bestand aus 13 Schülern, die von den unterschiedlichsten Schulen kamen. Zwei der Schüler waren extra für das Projekt nach Freiburg gezogen, ohne dass sie vorher jemanden aus der Gruppe kannten. Alle hatten unterschiedliche Vorstellungen und Ideen, wie das gemeinsame Lernen aussehen sollte. Diese Gruppe hatte, auch basierend auf den Erfahrungen ihrer Vorgänger, in einer gemeinsamen einwöchigen „Klassenfahrt" ganz am Anfang des Schuljahres ein schriftliches Konzept ausgearbeitet, um eine gemeinsame Basis für die Zusammenarbeit zu haben. Der Unterschied von diesem zu dem Konzept vom Winter 2010 war, dass es bewusst nur für ein Jahr gültig sein sollte. Danach verfiel es sozusagen. Ein weiterer Unterschied war, dass es auf einen bürokratischen Unterbau verzichtet. Es sollte eine Absichtserklärung der Schüler und eine ideelle Basis sein, auf der sie zusammenarbeiten wollten, jedoch kein starres Konzept.

Von Ideen, Idealen und was geschieht, wenn sie auf die Wirklichkeit treffen

„methodos" ist ein Rahmen, in dem Schüler ihre eigenen Ideen von guter Bildung und Schule in die Realität umsetzen. Und genau diese Realität konfrontiert „methodos" immer wieder unbarmherzig mit den Grenzen des Machbaren und holt die Schüler damit auf den Boden der Tatsachen zurück. Diese Grenzen sind zum einen durch die tatsächlich oder vermeintlich fehlende Zeit gesteckt. Abiturvorbereitung, erfolgreiche Organisation eines Vereins und Lernen mit Freude und nach Interesse unter einen Hut zu bringen und gleichmäßig nebeneinander herlaufen zu lassen gelingt nicht von Anfang an, sondern muss erlernt werden. Die täglich etwa acht gemeinsam verbrachten Stunden wollen entsprechend aufgeteilt sein und reichen oft nicht aus, um alle Vorhaben zu erfüllen. Ganz pragmatisch muss dann sortiert werden, was unbedingt notwendig ist für die Existenz von „methodos" und was schön wäre, aber hintangestellt werden muss.

Als ich neu zu „methodos" kam, fehlte mir einfach die persönliche Reife, meine eigenen Bedürfnisse zu kennen und zu erkennen und davon ausgehend eigene Vorstellungen von gutem Lernen und guter Bildung zu entwickeln. Stattdessen orientierte ich mich an den Meinungen der vorherigen Gruppe. Erst nach und nach entwickelte ich Selbstständigkeit und lernte, mit meiner neu gewonnenen Freiheit umzugehen, sodass ich fähig war, mir eine eigene Meinung zu bilden, eigene Vorstellungen zu entwickeln und zu vertreten, eine selbstbewusste Rolle in Diskussionen einzunehmen und mich an der ganzen Gestaltung konstruktiv zu beteiligen. „methodos" ist deshalb nicht nur ein Rahmen, in welchem Schüler ihre Ideen verwirklichen, sondern einer, in dem sie erst einmal eigene Ideen entwickeln. Dass die Selbstständigkeit erst ausgebildet werden muss und die eigenen Vorstellungen nach und nach entstehen, verschärft die Zeitproblematik, denn dadurch ist die Zusammenarbeit anfangs oft von Ineffizienz geprägt. Auch durch die demokratische Struktur bei „methodos" wird der ein oder andere Hochmotivierte ausgebremst: Nicht immer stößt eine Idee bei den Mitschülern auf die gleiche Begeisterung wie bei einem selbst. Aber selbst wenn alle einverstanden sind, zieht sich die Umsetzung oft in die Länge, weil es viele Hindernisse zu überwinden gilt.

Die bedeutendste Grenze für die Umsetzung der Ideen und Vorstellungen setzen jedoch das Abitur, die damit einhergehenden inhaltlichen und zeitlichen Vorgaben und der dadurch entstehende Druck. Je näher die Prüfungen rücken, desto schwächer scheint die Relevanz der angestrebten Ideale zu werden. „Das ist der Punkt, an dem es am Ende doch nicht ganz selbstbestimmt ist: Der Inhalt des Abiturs ist immer noch vorgegeben. Aber bis an die Spitze, bis an die Grenze dieser Vorgabe habt ihr gezeigt, wie es geht", meint Max. In der Konfrontation mit diesen Sachzwängen lernen die Schüler viel. Der erste wichtige Schritt ist, dass man sich dessen bewusst wird. Dann muss man sich entscheiden, ob man sich dem beugt und aus der Situation das Beste macht oder ob man an der Überwindung der Zwänge und Hindernisse arbeitet und sich dabei nicht unterkriegen lässt. Früher oder später wächst man so über seine Grenzen hinaus. Das ist etwas Besonderes an „methodos": Sobald den Schülern klar wird, dass sie sich auf dem Holzweg befinden oder sich Zwängen beugen, die sie nicht weiterbringen, machen sie sich daran, sie zu überwinden.

Diese Erfahrung, was in Wirklichkeit realisierbar ist und was es überhaupt bedeutet, Ideen zu verwirklichen, ist sehr wertvoll. Es kann sich daraus vielleicht eine Art realistische Utopie entwickeln, die immer ein Stück über die Grenze des Machbaren geht und diese dadurch Schritt für Schritt ausweitet.

Abitur – Ein Ziel für alle?

Wie oben schon erwähnt, sind das Abitur und der staatlich festgelegte Lehrplan die unverrückbaren Grenzen, an die wir mit unseren Ideen bei „methodos" immer wieder stoßen. Sie sind die einzigen Sachzwänge, an deren Überwindung oder Beseitigung wir nicht arbeiten. Das stimmt – für das Projekt „methodos" und die Gruppe, denn das Ziel der Gruppe ist das Abitur. Es stimmt aber nicht für jeden Einzelnen.

Mit dem Schritt, den ein Schüler aus der sicheren Institution Schule heraus macht, um sich der Herausforderung der

Selbstorganisation zu stellen, wird er im Denken selbstständiger. Vermeintliche Notwendigkeiten werden hinterfragt und auf ihre Nützlichkeit hin untersucht. Dabei kommen die meisten Schüler an den Punkt, den Sinn des Abiturs infrage zu stellen. Auch mir ging das so. Ich fragte mich: Warum sollte ich mich diesem Zwang beugen? Um der gesellschaftlich gesetzten Norm zu entsprechen? Um erfolgreich zu werden in einem ausbeuterischen System und so meine Schuld aktiv zu vermehren? Verschwendete ich hier nicht meine Zeit? Zweimal erreichten meine Zweifel an der Sinnhaftigkeit des Abiturs einen Höhepunkt, und zwar jedes Mal nach dem Stuttgart Open Fair Festival (kurz: SOFa). Dieses am Weltsozialforum orientierte Ereignis im Februar mit internationalen Referenten, Workshops zu globalisierungskritischen Themen, interessanten Menschen und Erkenntnissen machte mir die Sinnlosigkeit des Abiturs Jahr für Jahr deutlicher. Wozu die Zeit mit Pauken von theoretischem Stoff verschwenden, wo ich mich überall auf der Welt so viel sinnvoller einsetzen könnte? Warum weiterhin oberflächlich am Wissen kratzen, für dessen wirkliche Durchdringung in der Zielgeraden zum Abitur keine Zeit blieb, die mich aber so viel mehr begeistert hätte? Durch eine Umgestaltung meines Alltags konnte ich mich immer wieder dazu durchringen, weiterhin das Abitur als mein Ziel zu verfolgen. Ich erweiterte meinen Lernhorizont außerschulisch und regte die Umgestaltung unseres Lernalltags bei „methodos" an.

Anders ging es Teresa. Ihr Wechsel zu „methodos" im September 2011 hatte plötzlich einen Prozess in ihr angestoßen. Sie untersuchte alle Umstände sehr genau darauf, ob sie sie weiterbrachten oder eingrenzten oder gar ausbremsten. Dabei kam sie zu dem Schluss, dass das Abitur und die Fixierung darauf negative Auswirkungen auf sie hatten. Sie wollte lernen, aber nicht für das Abitur. In ihrer „methodos"-Gruppe wollten allerdings elf von 13 Schülern innerhalb des Schuljahres ihr Abitur machen, nur sie und Jordan würden dann ein Jahr später zu den Prüfungen antreten. Deshalb fielen ihre Bedenken gegenüber dem Abitur und ihre Ideen, das Lernen sinnvoller zu gestalten, nicht bei der gesamten Gruppe auf fruchtbaren Boden. Doch drei ihrer Mitschüler, die sich ähnliche Gedanken gemacht hatten, konnte sie für ihre Ideen begeistern. Mischam zum Beispiel empfand sowohl das Abitur als auch das Studium als eine Ausbildung, um dann ein Rädchen im System zu werden. Doch das wollte er nicht sein. Diese Gruppe von vier Schülern beschloss also, sich von „methodos" abzuspalten und die „Garage 2.0" zu gründen. Sie wollten nicht mehr für das Abitur lernen, sondern für sich selbst, sich sozusagen ein universelles Wissen aneignen, gesteuert allein vom Interesse und nicht eingeschränkt durch Prüfungen. Zwei dieser jungen Menschen hatten vor, ihr Abitur für dieses Projekt um ein Jahr zu verschieben. Die Prüfungen sollten, wenn sie überhaupt abgelegt würden, nur Nebenprodukt einer intensiven Lernzeit sein. Zu dieser Zeit hatte ich gerade mein Abitur in der Tasche und war von der Idee begeistert. Dass ich mit der Schule fertig war, hieß nicht, dass ich ab jetzt nie wieder lernen wollte. Im Gegenteil: Jetzt konnte ich damit anfangen, all die Dinge zu lernen, die ich wissen wollte und auf die im Abitur keinen Wert gelegt worden war.

Die „Garage 2.0" ist leider nie Wirklichkeit geworden. Teresa hat sich entschlossen, das Abitur nicht zu machen und stattdessen praktisch zu lernen: durch Praktika im Waldkindergarten, in einem solidarischen Landwirtschaftsprojekt und in einer naturpädagogischen Ausbildung. Die anderen drei haben sich entschieden, ihr Abitur durchzuziehen und anschließend in vollständiger Freiheit das Lernen nach Interesse zu verwirklichen. Obwohl ihre Idee so nicht verwirklicht wurde, zeigt diese Geschichte sehr schön, was „methodos" bei den Einzelnen bewirken kann: den Ausbruch aus dem Wettrennen um gesellschaftlich gesetzte Ziele, das Erkennen des erfolgsunabhängigen eigenen Wertes und der menschlichen Bedürfnisse, die im gesellschaftlichen Erfolgsstreben unterzugehen drohen. Ich habe gelernt, bei der Unterscheidung zwischen Wichtigem und Unwichtigem nicht auf Meinungen, sondern auf mich selbst zu hören und die Werte, nach denen wir uns heute richten, zu analysieren, ob sie den materialistischen Interessen weniger dienen oder ob sie tatsächlich universell menschlich sind.

Die Organisation

Wie man eine Schule gründet

Der Entschluss zur Gründung einer eigenen Schule wurde um Pfingsten 2007 endgültig gefasst. Zu diesem Zeitpunkt war aus der Idee schon eine konkrete Struktur erwachsen. Die Wochen davor hatten die Schüler gemeinsam mit einigen Eltern und Lehrern mit Hochdruck an der Beantwortung oder Überwindung all der Fragen und Hindernisse gearbeitet, die sich ihnen in den Weg gestellt hatten. Was muss dabei alles beachtet werden? Wie finanziert sich so etwas? Wo lernt man? Und vor allem: Welche rechtlichen Nischen können für dieses Selbstexperiment genutzt werden? All diese Fragen mussten in kürzester Zeit beantwortet werden.

Am meisten beschäftigte die Gruppe die Frage, wie man ohne Schule Abitur machen kann. Die Antwort: Menschen über 19 Jahre können in Baden-Württemberg ein sogenanntes Abitur für Schulfremde ablegen, in den anderen Bundesländern gibt es ähnliche Angebote. Dafür melden sie sich im Oktober vor den Prüfungen beim Regierungspräsidium an und werden dann einem Gymnasium zugeteilt, an dem sie die Prüfungen ablegen können. Dieses Angebot gilt eigentlich für Mütter, Berufstätige und insgesamt alle Menschen, die ihr Abitur auf dem zweiten Bildungsweg nachholen möchten, für das Gymnasium aber zu alt sind. Nutzen ließ es sich aber eben auch von den Freiburger „Schulrebellen", wie die Gründungsmitglieder von „methodos" von einigen Medien genannt wurden. Der Haken an der Sache: Im schulfremden Abitur müssen die Prüflinge einige Prüfungen mehr ablegen als an der Schule, da sie keine Einreichungsnoten vorweisen können, also keine Vornoten aus der Oberstufe. „Das war ein herber Rückschlag, als klar war, dass es zwar rechtlich möglich wäre, aber ein ganzes Stück unangenehmer werden würde. Alwin hatte das irgendwo ausgegraben, und wir hatten uns zusammengesetzt und das diskutiert", erzählte Jan. Allen Beteiligten war klar, dass bei der Anzahl an mündlichen Prüfungen (im externen Abitur sind es acht mündliche Prüfungen, die man ablegen muss, im Gegensatz zur Waldorfschule, an der zwei, oder dem Gymnasium, an dem eine verpflichtend ist) einige interessierte Schüler abspringen würden. Das damit verbundene Risiko und die Mehrbelastung würden nicht alle auf sich nehmen wollen. Aber dieser Dämpfer reichte nicht, um die jungen Leute von ihrer Idee abzubringen.

Die Gründergruppe bestand aus zehn Schülern, deren harter Kern vier Leute umfasste. Doch zu den Gründern gehören nicht nur die Schüler, sondern auch Lehrer, Eltern und Interessierte. Die Mutter von Jon stellte ihren Praxisraum zum Lernen zur Verfügung. Und auch sonst erfuhr die engagierte Schülergruppe viel Unterstützung von Elternseite. Zum Beispiel erkundigte sich der Vater von Lenya, welchen rechtlichen Rahmen das Projekt haben könnte. Zur Diskussion standen entweder eine Genossenschaft oder ein gemeinnütziger Verein. Die Genossenschaft wurde favorisiert, denn die hierarchische Struktur eines Vereins schien den Gründern für dieses Projekt zunächst ungeeignet. „Aber dann war schnell klar, dass wir das Startkapital von 20.000 Euro für eine Genossenschaft nicht aufbringen können", erzählt Elena, die damals zwar selbst bereits ihre Abiturprüfung hinter sich hatte, sich bei der Gründung der neuen „Schule" aber dennoch engagierte. Der gemeinnützige Verein war also die Lösung, die am ehesten umgesetzt werden konnte, unter anderem auch deshalb, weil dann Spenden entgegengenommen und Lehrer unter der Bezeichnung „Übungsleiter" angestellt werden konnten.

Die Vereinsgründung selbst ging dann ziemlich schnell. Alwin arbeitete sich in das Vereinsrecht ein, um eine Satzung für den „Verein zur Förderung von externen Abiturienten e. V." zu schreiben. Damit die Gemeinnützigkeit eines Vereins sowohl vom Finanzamt als auch vom Registergericht anerkannt wird, muss in der Satzung einiges beachtet werden: Der Zweck des Vereins muss beschrieben werden, die Möglichkeit zur Mitgliedschaft – aktive und fördernde –, die Häufigkeit der Mitgliederversammlungen und die rechtmäßige Einladung zu dieser sowie die Entscheidungs- und Stimmberechtigung von aktiven und fördernden Mitgliedern und des Vorstandes müssen festgelegt werden und vieles mehr. Im vierköpfigen Vorstand waren drei Schüler und die Mutter von Simeon, welche den Schulgründern bei der Finanzierung unter die Arme griff.

Auch über die Darstellung ihres Projektes nach außen machten sich die Gründer noch vor den Sommerferien Gedanken. Der Name des Projekts wurde lange diskutiert. „TrAbi"? „Abimobil"? „Der Name ‚methodos' fiel für uns beide vom Himmel", erzählen Jan und Elena. Doch dieser Vorschlag des Deutschlehrers, der so viel bedeutet wie „der Weg zu etwas" und die Art und Weise meint, zu einem bestimmten Ziel zu gelangen, den Prozess also in den Vordergrund rückt, fand die meiste Zustimmung bei den Schülern.

Einige Aufgaben wurden an kleinere Gruppen delegiert, wie etwa einen Flyer zu entwerfen und drucken zu lassen. Andere Fragen wurden gemeinsam beratschlagt, etwa, wie man es schaffen könnte, das Interesse der „Badischen Zeitung" an dem Projekt zu wecken, sodass das regionale Blatt einen Artikel über die Gruppe veröffentlichen würde.

Die drei treibenden Kräfte bei der Gründung von „methodos", Lena, Lenya und Alwin, opferten auch ihre Sommerferien für ihr großes Vorhaben. Besonders wichtig war für sie die Frage, wie sie dann anschließend in ihrer eigenen Schule lernen und arbeiten wollten. Zum Beispiel legten sie viel Wert auf Gruppenarbeit und darauf, sich möglichst viel Abiturwissen selbstständig anzueignen. Was nicht bedeutete, dass sie ohne Lehrer lernen wollten. „Das Prinzip, die Aufgaben (in diesem Fall die Lerninhalte) eigenständig zu beginnen, dann von Experten (sprich Lehrern) kritisieren zu lassen, um die Kritik schließlich in den nächsten Arbeitsschritt einfließen zu lassen", wie Alwin es in einem Bericht für die Zeitung formuliert, wurde zu ihrem Leitfaden, ebenso wie „die Idee, dass man nicht nur den Stoff reproduziert, wie in der Schule, wo man ihn reinpaukt und dann wieder ausspuckt, sondern, dass man was Sinnvolles lernen will. Nicht für die Abiturnote, sondern für mich, was mich interessiert", wie Jon es ausdrückte. Sie begaben sich daher auf die Suche nach Fachlehrern mit Abiturerfahrung.

In der Gründungsgruppe selbst waren einige Lehrer aktiv, wie z. B. Jan, der Geschichts- und Biologielehrer ist. „Bei der Entstehung der Idee war Jan dabei, er hat den Stein ins Rollen gebracht, und es war klar, dass wir ihn dabeihaben wollen", erzählte Jon, „und dann eben die beiden Lehrer, die von der Waldorfschule gehen mussten und die wir bei uns direkt eingeplant haben. Damit waren Biologie, Politik, Deutsch und Geschichte schon abgedeckt. Das war eine Basis, auf der man aufbauen konnte. Die Lehrer, die noch fehlten, haben wir hauptsächlich über Mund-zu-Mund-Propaganda gesucht, entweder in der Bekanntschaft oder über Lehrer, die wir schon hatten, die ja viele Kollegen kannten. Wir haben auch eine Anzeige geschaltet. Da kamen dann die Lehrer und wir hatten eine Art Vorstellungsgespräch."

Kurz vor Ende der Sommerferien, in der Zeit, in der die drei Hauptorganisatoren Alwin, Lena und Lenya noch weitgehend alleine die Organisation in ihren Händen hielten, da der Rest der Gründer verreist war, gelang ihnen der große Durchbruch in der Öffentlichkeitsarbeit. Die „Badische Zeitung" hatte auf ihre Anfrage hin Interesse gezeigt und einen Artikel veröffentlicht. Am Tag des Erscheinens war zufällig eine Redakteurin der „Süddeutschen Zeitung" in Freiburg, die diesen Artikel las und wenige Tage später selbst einen Bericht über die jungen Schulgründer veröffentlichte. Daraufhin rannte die Presse der Gründergruppe die Türen ein.

„Die Organisation war eine große Herausforderung, es war sehr spannend, einen Verein zu gründen, und das hat natürlich alles viel Zeit in Anspruch genommen. Am Anfang, bevor wir losgelegt haben, war das alles auch ein bisschen panisch, wir haben uns gefragt: ‚Wo bekommen wir jetzt unsere Lehrer her?‘ Und wir hatten zwei Tage, bevor wir angefangen haben, noch keinen Raum. Gleichzeitig kam aber schon die Presse und wollte etwas von uns", erinnerte sich Jon. In letzter Minute fand sich aber ein Ausweg – und was für einer: ein nicht genutzter Raum der Paulus-Gemeinde in Freiburg, in zentraler Lage, riesengroß, mit Parkettboden, großen Fenstern und der Möglichkeit, ihn in zwei Räume aufzuteilen. Und das Ganze zu einem Spottpreis – ein Traum von einem Raum.

Die Frage nach der Finanzierung bereitete den Gründern von „methodos" nicht wenige Magenschmerzen. Alwin stellte einen detaillierten Finanzplan auf, mit dem Ergebnis, dass bis zum Ende des selbst organisierten Schuljahres 50.000 Euro benötigt wurden. Keine kleine Summe für Schüler. Da ihnen klar war, dass sie nicht den ganzen Betrag selbst aufbringen können, begannen sie mit dem Fundraising: Sie schrieben Stiftungen und Firmen an, in der Hoffnung, dass diese ihr innovatives Bildungsprojekt mit einer Spende honorieren würden. Aber auch die Eltern wurden zur Kasse gebeten: Jedes Elternhaus steuerte je nach Möglichkeiten 90 bis 200 Euro monatlich bei. Hinter dem fest entschlossenen Eindruck, den die Gründergruppe nach außen hin machte, verbargen sich dennoch Zweifel, manchmal auch Ängste, wie Jon schilderte: „Es war noch unklar, ob das überhaupt funktioniert oder ob nicht alles scheitert. Was würde passieren, wenn wir das finanziell nicht auf die Reihe bekämen? Es war ein Wagnis, von dem man nicht wusste, wie es enden wird." Wahrscheinlich war es der Mut dieser Schüler, den Schritt in die Selbstständigkeit trotz all dieser Unsicherheiten und Unwägbarkeiten zu tun, der die Öffentlichkeit so sehr beeindruckte, dass die Presse das ganze Jahr über unaufhörlich über die kleine Gruppe Freiburger Schulgründer berichtete.

„Die beste Vorbereitung auf das Leben" – Was man bei der Organisation einer Schule alles lernen kann

Von außen betrachtet ist der Hauptunterschied zwischen „methodos" und einer Regelschule, dass sämtliche Organisation in den Händen der Schüler liegt. „Aber warum tut ihr euch das an? Warum organisiert ihr neben eurer Abiturvorbereitung auch noch eure Schule selbst? Ist das nicht viel zu stressig und zeitaufwendig?", werden die Schüler bei „methodos" nicht selten verständnislos gefragt. Ja, warum? Nur um anders zu sein als die Schule? Oder weil sie sich keine „Sekretärin" leisten können, die das für sie übernehmen könnte? Nein, der Grund, weshalb sie dieses Mehr an Arbeit aufbürden, ist ein anderer: Als mehr oder weniger „Schultraumatisierte" ist es ein großer Wunsch von allen Schülern, selbst Verantwortung zu tragen. Viel zu oft wurden sie in ihrer Schullaufbahn in die Rolle der passiven Konsumenten gedrängt, notfalls mit psychischer Gewalt, bis man es sich darin bequem gemacht hatte und das Geschehen von der Zuschauerbank aus betrachtete, von der man ab und an gehässige Kommentare abgab. Genau aus dieser Rolle wollten sie ausbrechen. Sie wollten Verantwortung übernehmen, etwas ihnen Wichtiges selbst gestalten können und selbstständig werden.

Die Organisation einer Schule ist etwas Praktisches, ein Bereich, in dem die Verantwortung deutlich spürbar ist und Konsequenzen des eigenen Handelns sofort erfahrbar werden. Deshalb übernehmen die Schüler als Laien dieses Gebiet bei „methodos" und überlassen es nicht Profis, die es ohne Frage erfolgreicher durchführen könnten.

Dass wir die Konsequenzen unseres Handelns direkt zu spüren bekommen, schließt auch das Recht und die Möglichkeit jederzeit zu scheitern ein. Es ist nichts abgesichert, unter dem Seil, auf dem die Schüler balancieren, ist kein Netz gespannt. „Das ist hervorragend, die beste Vorbereitung auf das Leben", sagt Maria. Und sie fügt hinzu: „Es ist natürlich, wenn es organisatorisch nicht so gut läuft, an uns Lehrern, den Mund zu halten und uns zurückzunehmen, bis sich das Richtige herauskristallisiert hat. Das ist für uns manchmal gar nicht so leicht, wenn man ein Leben lang Lehrer gewesen ist." Auch für die Schüler ist diese Unsicherheit eine große Herausforderung, an der alle wachsen, bei der die Gruppe zusammenwächst und der Einzelne sich selbst kennenlernt.

Ich selbst habe in der Organisation von „methodos" einiges gelernt. Viele praktische Dinge, die mir noch oft hilfreich sein werden, wie zum Beispiel das Reden und Präsentieren vor Interessenten, der Presse oder bei Vorträgen. Diese Fähigkeit kam mir schon sehr bald zugute: In den acht mündlichen Abiturprüfungen konnte ich von der zweijährigen Übung sehr profitieren. Verbunden mit meinem organisatorischen Aufgabenbereich der Koordinatorin habe ich gelernt, zu motivieren, im Idealfall zu begeistern und zu koordinieren. Die Vereinsarbeit habe ich bis ins Detail kennengelernt und verstanden. Und: Ich habe telefonieren gelernt. Und das ging anscheinend nicht nur mir so. „Ja, und ich hab telefonieren gelernt." „Hm, was ich gelernt habe in der Organisation? Ja, telefonieren!" „Telefonieren war so etwas, was ich gelernt habe." Jon, Bernhard, Jaska, Lenya, alle haben mir auf die Frage, was sie in der Organisation vor allem gelernt haben, das Telefonieren genannt. Ich musste schmunzeln, es ist eben ein zentraler Punkt. Diese anfängliche Unsicherheit, manchmal sogar Abneigung dagegen, fremde Menschen anzurufen und um etwas zu bitten! Aber nach dem zwanzigsten Mal geht es schon viel besser und nach dem hundertsten Mal wirkt man fast schon professionell.

Lenya, eine der Gründerinnen, hebt auch einmal hervor, was sie in ihrer Zuständigkeit für die Pressearbeit gelernt hat: „Da hab ich viel darüber gelernt, wie die Presse funktioniert. Das war doch ein bisschen erschreckend, was wir so erzählt haben und was dann am Ende dabei herauskam. Auch die Erfahrung, mal im Rampenlicht zu stehen. Und die Erfahrung, sich zu überschätzen. Wir haben uns ganz toll gefühlt und wurden auch ein bisschen arrogant." Lena, wie Lenya eine der Hauptakteurinnen bei der Gründung von „methodos", die inzwischen einen sehr kritischen Blick auf das Projekt hat, zieht ihre eigenen Lehren aus dieser Zeit: „Ich studiere jetzt an einer Musikhochschule, und da merke ich schon, dass ich einen anderen Umgang mit der Institution Uni habe als viele andere Studenten. ‚methodos' ist so ein bisschen wie die Essenz einer Institution, man hat die Möglichkeit, ein Jahr lang an allen Stellen, die es in einer Institution gibt, mitzuwirken. Oder auch die Auswirkungen, wenn irgendetwas nicht funktioniert: Dann spürt man das und kann dem nicht ausweichen. Dadurch habe ich viel mehr Verständnis dafür, welchen Zwängen eine Institution unterliegt. Aber ich habe auch meine Kritik an vielen Stellen abgelegt. Als Schüler ist man ja immer so ein Rebell, aber man hat einfach in viele Zwänge keine Einsicht. Ich kann mich jetzt mit einer größeren Gelassenheit und mehr Realismus darin bewegen. Viele Dinge sind für mich jetzt nicht mehr solche roten Tücher. Für mich ist ‚methodos‘ eine Lehre gewesen, dass eine Institution letztendlich auch etwas Gutes ist, also etwas sehr Hilfreiches sein kann für das Lernumfeld. Denn ‚methodos‘ trägt schon die Merkmale einer Institution, natürlich in sehr kleinem Rahmen und mit berückender Unprofessionalität bestückt."

Es sind nicht nur technische Fähigkeiten, die die Schüler sich in der Organisation ihrer Schule aneignen, sondern auch persönlich lernt jeder viel. Das Bewusstsein für all die bürokratischen Notwendigkeiten, die Lena genannt hat, gehört dazu, aber auch die Fähigkeit, auf Menschen zuzugehen und selbstbewusster aufzutreten. Sie lernen, Verantwortung zu tragen und mit Stresssituationen umzugehen. Die Teamarbeit ist einer der zentralen Lernaspekte in der Organisation. Und die Erfahrung, dass das, was sie selbst in die Hand nehmen, gedeiht und wächst, dass trotz lokaler Tiefpunkte der Abschluss jedes Schuljahres ein großer Erfolg ist, lässt ein Vertrauen in die eigenen Fähigkeiten und Möglichkeiten wachsen. Lenya fasste das sehr schön in Worte, als sie auf die Frage antwortete, was sie bei „methodos" gelernt habe: „Das Vertrauen, mich in neue Situationen einzuarbeiten, und dass es auch klappen wird. Das Vertrauen darein, dass die Welt nicht so sein muss, wie sie ist, sondern dass man sie auch ändern kann, wenn man es will. Und ein neues Selbstvertrauen: Ich werde meinen Weg schon machen. Ja, vor allem Vertrauen und Selbstvertrauen habe ich gelernt."

Diese Fähigkeiten entstehen in einem Prozess, in dem es auch immer wieder Momente der Überforderung gibt, vor allem bei neuen Schülern, denen wegen der fehlenden Übergabe und Einführung in das Projekt der Überblick und das Knowhow fehlen. Jaska, die zwei Jahre lang für die Finanzen verantwortlich war, erinnerte sich gut daran: „Anfangs war ich oft überfordert und wusste gar nicht, was ich machen soll. Und mein Aufgabengebiet würde ich auch nicht noch einmal übernehmen. Je nachdem, welchen Anspruch man hat, muss man so viel Fachwissen haben oder Kontakte. Ich weiß gar nicht, ob das, was mir da alles von Ramona und Elena, die im vorherigen Jahr für die Finanzen zuständig waren, erzählt wurde, überhaupt wichtig war. Alles war so schwammig und teilweise widersprüchlich. Am Anfang hatte ich vor, das alles auf Vordermann zu bringen, aber es hat mich überfordert, und am Ende habe ich es gelassen. Es hat sich ja in unserem Jahrgang auch niemand beschwert." Durch das fehlende Wissen entsteht Unsicherheit, die gerade in der Finanzverwaltung, einem komplexen Thema, sehr hoch ist.

Doch aus diesen Unsicherheiten und Überforderungen lernt man viel, und dass am Ende jeden Jahres das Projekt erfolgreich abgeschlossen werden konnte, daraus kann jeder Vertrauen in die eigenen Fähigkeiten schöpfen. In unserer Gruppe sind wir durch gute wie durch schlechte Zeiten gegangen. Dadurch lernte jeder sich selbst von den unterschiedlichsten Seiten kennen. Die Frage, ob sich das Lernen in diesem Bereich nicht auch angenehmer gestalten lässt, bleibt aber offen.

Jaska hat die Organisation, trotz der Schwierigkeiten, mit denen sie zu kämpfen hatte, oft großen Spaß gemacht. Und auf die Frage, was sie davon hält, dass die Schüler die Organisation übernehmen, antwortet sie überzeugt: „Das ist ‚methodos‘, und anders wäre es etwas anderes. Es ist gut, man lernt viel dabei, und das gibt es so nicht noch einmal, das macht es zu etwas Besonderem. Wenn jemand anderes die Organisation übernehmen würde, hätten die Schüler mehr Zeit fürs Inhaltliche und die Frage nach dem Wie, aber das wäre etwas anderes. Man trägt so wirklich die volle Verantwortung, es kann sein, dass man mit Schulden aus dem Projekt geht. Man setzt sich wirklich voll ein. Es kann sein, dass dabei Überforderung entsteht, aber daran wächst man. Es ist eine sehr hohe Form von Selbstständigkeit.“

Lernen

Was ist guter Unterricht?

„Wenn ihr doch alles anders machen wollt, warum wollt ihr dann trotzdem das Abitur machen?", wurde „methodos" einmal kritisiert. Es ist eine berechtigte Frage, und auch die Schüler in diesem Projekt sehen die Prüfungen und auch den Stoff an sich nicht als uneingeschränkt sinnvoll an. Dennoch wird das Abiturzeugnis ihnen in ihrem Leben einiges erleichtern. Sie haben sich daher für diese Prüfungen entschieden und nehmen die Einschränkung der inhaltlichen Lernfreiheit in Kauf. Die Gestaltung ihres Lernens konzentriert sich daher auf die Methodik, nicht auf den Inhalt. Letztendlich kann jedes Fach interessant sein, wenn man Freude am Lernen hat und die Neugierde, der Wissensdurst nicht erstickt werden.

Die Idee der Gründer war, dass sich die jeweils für die Gruppe und den Einzelnen richtige Lernmethode aus der gemeinsamen Arbeit heraus entwickeln sollte, und das ist auch heute noch der grundlegende Gedanke. Es gibt kein fertiges Konzept, keinen theoretischen Leitfaden bei „methodos", der vor der Praxis steht und an dem man sich orientiert. Alles soll aus dem Tun und aus der Erfahrung heraus wachsen. Dabei sind zwei Aspekte zentral: die Verantwortung der Schüler für die Prozesse und das Experimentieren und Evaluieren. Die Vorgehensweise bei „methodos" erfolgt nach dem Prinzip: etwas ausprobieren, die gemachten Erfahrungen reflektieren und dann die Methoden an die Erkenntnisse anpassen. Was schlecht läuft, wird entweder verändert oder gegebenenfalls auch ganz verworfen. Was gut läuft, kann so bleiben. Dadurch soll sowohl für die Gruppe als auch für jeden Einzelnen die richtige Lernmethode sozusagen organisch wachsen. Durch das Experimentieren lernt jeder sich selbst, sein Lernverhalten und seine Bedürfnisse kennen und kann sich dementsprechend nach ihnen richten. Die Evaluation und der dadurch bedingte jederzeit mögliche Wandel des Projektes sollen gewährleisten, dass „methodos" den Lernbedürfnissen der Schüler gerecht wird. Dieser Prozess wird nie zum Stillstand kommen, denn die Bedürfnisse der Schüler wandeln sich mit der Zeit, durch veränderte Situationen oder private Umstände. Ein für „methodos" entscheidendes und charakteristisches Merkmal ist dabei, dass dieser Prozess von den Schülern ausgeht. Mit Sicherheit hat jede Schule die besten Absichten, aber solange die Lehrer für die Richtlinien und Gestaltung des Unterrichts zuständig sind, können diese sich immer nur an den vermeintlichen Bedürfnissen der Schüler orientieren. Wenn die Schüler selbst für die Methodik verantwortlich sind, kann das nicht passieren.

Die Selbstständigkeit der Schüler ist ein weiterer zentraler Punkt, der mit der Verantwortung einhergeht und der nicht nur in der Organisation des Projektes einen hohen Stellenwert hat, sondern auch in der inhaltlichen Arbeit. Sie drückt sich beispielsweise im Verhältnis zu den Lehrern aus. Durch die Selbstständigkeit der Schüler werden die Lehrer jedoch keineswegs überflüssig. Nur ihre Rolle wandelt sich von der eines „Hampelmanns", wie Maria es ausdrückte, der seine Schüler permanent motivieren und bei Laune halten muss, hin zu der eines Wissensvermittlers, dessen Zuhörer die Dinge wirklich begreifen und erlernen wollen. Das schafft eine ganz andere Lernatmosphäre und eine entspannte Zusammenarbeit.

Auch die Strukturierung des Lernalltags bei „methodos" ist durch das Selbstständigkeitsprinzip geprägt. Lehrerstunden, unser Begriff für Unterricht, machen nur etwa die Hälfte der in der Gruppe verbrachten Zeit aus. Die übrige Zeit – abzüglich der Zeit, die für die Organisation benötigt wird – wird mit Eigen- und Gruppenarbeit gefüllt. In allen drei Bereichen und auch in der Kombination dieser Komponenten wird wieder experimentiert. Das Ziel ist, das für die Lernenden richtige Maß an Gruppenarbeit und individuellem Lernen zu finden. Bei „methodos" soll jeder Schüler den für sich richtigen Lernweg finden. Dabei wird er unterstützt von den Lehrern, aber auch von der Gruppe und dem Supervisor, vor allem in den Reflexionsgesprächen. Auf der anderen Seite ist die Zusammenarbeit in der Gruppe, auch auf inhaltlicher Ebene, gleichbedeutend mit der individuellen Entwicklung und gewissermaßen ein Teil der Persönlichkeitsbildung des Einzelnen. Diese beiden Pole in ein fruchtbares Gleichgewicht zu bringen, ist das Ziel von „methodos".

In der Eigen- und Gruppenarbeit eignen sich die Schüler selbstständig Lerninhalte an, um sich in den Lehrerstunden darauf konzentrieren zu können, wozu sie eine Lehrperson brauchen: um die Inhalte besser verstehen, tiefer durchdringen und weitergehende Diskussionen führen zu können. Die Lehrerzeit wird beispielsweise nicht damit verschwendet, dass man gemeinsam Texte liest, die auch jeder für sich hätte lesen können. Zudem beteiligen sich alle Schüler aktiv an diesen Stunden. Dadurch können die „Unterrichte" eine ganz andere Qualität und ein anderes Niveau erreichen, als dies in der Schule möglich ist.

An der Gestaltung der Lehrerstunden und der dort angewandten Methoden sind die Schüler aktiv beteiligt, wobei das nicht bedeutet, dass der Lehrer eine passive Rolle einnimmt. Er sollte einen methodischen Input geben, eigene Ideen und Vorschläge äußern, an denen dann gemeinsam modelliert werden kann. Wenn ein Lehrer nichts einbringt, einen offenen Raum entstehen lässt und die Schüler auffordert, diesen zu füllen, kann das zu Schwierigkeiten führen. Die Schüler haben nicht die didaktische und pädagogische Ausbildung des Lehrers und werden daher einen so entstandenen Leerraum weder zu ihrer eigenen noch zur Zufriedenheit des Lehrers füllen können. Es ist eine Zusammenarbeit auf Augenhöhe zwischen Lehrern und Schülern notwendig, um die bestmögliche gemeinsame Arbeitsweise zu finden. Da die Schüler jederzeit die Möglichkeit haben, den Unterricht mitzugestalten, verstehen sie sich als die Verantwortlichen für den Erfolg der Methoden. Wenn etwas nicht gut läuft, müssen sie es ansprechen und verändern. Wenn sie es versäumen, Probleme anzusprechen, sind sie am misslungenen Unterricht selbst schuld.

In gleicher Weise sind die Schüler für ihren eigenen Lernerfolg verantwortlich, was wiederum die Lehrerrolle stark beeinflusst. Er muss keinen Druck aufbauen, kann aber ehrliche Rückmeldungen geben, beispielsweise in Form von Tests als Wissensüberprüfung, deren Zeitpunkt der Schüler aber selbst auswählen kann. Auch was die übrige Zeiteinteilung betrifft, wird sie anders gehandhabt als in herkömmlichen Schulkonzepten. Vom „Dreiviertelstundentakt", also den Unterrichtseinheiten in Dreiviertelstunden, hatte sich schon die Gründergruppe ganz zu Beginn distanziert. Stattdessen setzte sie auf längere Zeiteinheiten pro Fach, sodass eine intensive Vertiefung möglich ist. Wie lange diese Zeitspannen sind und in welchem Abstand es Pausen gibt, legt jede Gruppe, gegebenenfalls auch jeder Schüler, selbst oder gemeinsam mit dem Lehrer fest. In unserer Lerngruppe hatte sich herausgestellt, dass nach eineinhalb Stunden intensiven Unterrichts die Konzentration der Schüler regelmäßig nachließ und eine Pause notwendig wurde. Deshalb reduzierten wir die Lehrerstunden von zwei auf eineinhalb Zeitstunden am Stück.

Die Gründergruppe setzte neben der Aufhebung des Schulstundentaktes auf Epochenunterricht. Das bedeutet, dass die Gruppe sich eine oder mehrere Wochen ausschließlich oder hauptsächlich mit einem einzigen Fach beschäftigt. Diese Praxis wurde von den nachfolgenden Jahrgängen nur noch sporadisch umgesetzt. Der Epochenunterricht verfolgt das gleiche Ziel wie die längeren Unterrichtsstunden: den Lernfluss nicht zu unterbrechen und ein tiefes Eintauchen in die Inhalte zu ermöglichen. Der Schüler muss sich dadurch nicht in drei oder vier unterschiedliche Fächer täglich vertiefen, sondern kann sich auf ein Thema konzentrieren. Durch die intensive Arbeit in einem Fach erschließen sich Zusammenhänge leichter, und man kommt inhaltlich schneller voran, die Lernerfolge sind größer, und das wiederum steigert die Motivation und das Interesse für das Fach.

Diese Ideen der Schüler, wie sie ihren Unterricht sinnvoll selbst gestalten können, an deren Form auch die Lehrer teilweise mitgewirkt haben, sind in der Reflexion und Auseinandersetzung mit ihrer Schulzeit entstanden. Manchen der Leitlinien merkt man dabei den „Trotzcharakter" an, oft wurden die schulischen Verhältnisse auf den Kopf gestellt. Daraus ergibt sich vielleicht auch der hohe Stellenwert, den Verantwortung und Selbstständigkeit der Schüler und die Möglichkeit zur Veränderung aller Methoden haben, denn sie stehen in großem Kontrast zu den Realitäten an den übrigen Schulen. „Meine Hoffnung zu Beginn des Projektes war, einfach alles ändern zu können – einfach alles, von einem Tag auf den anderen, verändern, wenn es nicht passt", sagte Lenya.

Lena sieht heute diese Trotzhaltung problematisch: „Das ist letztendlich auch ein wesentlicher Teil unserer Spätpubertät, dass wir uns erleben wollen und dieses Bedürfnis haben, uns mal die Hörner abzustoßen. Das kann sehr heilsam sein, es ist aber eine schwierige Basis für ein Projekt, zu sagen, man bietet hier den Rahmen, um Fehler zu machen." Dieser „spätpubertäre Reflex", wie sie es nennt, sollte nicht ausarten, da gebe ich ihr recht. Das ist dann der Fall, wenn in manchen Gruppen die Lehrer nur als Dienstleister gesehen werden und nicht als Mitgestalter und Mittragende des Projektes. Das sieht Lena als größtes Problem von „methodos" an. Ich denke dennoch, dass diese Reaktion auf unsere Schulzeit legitim ist und tatsächlich auch für die Selbstständigkeit förderlich. Durch die Erfahrungen dieser beiden Extreme und der Fähigkeit, diese zu reflektieren – was ich allen „methodos"-Schülern, spätestens nach ihrer „methodos"-Zeit, zuspreche –, wird es möglich, sich ein differenziertes Bild von der Situation zu machen. Dazu zählt auch, dass man mehr Verständnis für die Zwänge, denen Institutionen unterliegen, aufbringen kann. Dies führt letztendlich zu der Erkenntnis, dass der Mittelweg auch hier der richtige ist.

Die Schüler von „methodos" sind von der Schulkritik einen entscheidenden Schritt weitergegangen, indem sie selbst versucht haben, es besser zu machen. Und die Erkenntnis, die sie durch diesen Prozess erlangt haben, ist fundierter als viele Ideen, die ausschließlich auf Theorien beruhen.

Und so sieht das in der Praxis aus

Jede „methodos"-Gruppe stürzt sich jährlich aufs Neue mit großem Enthusiasmus in das Abenteuer der Verwirklichung ihrer Vorstellungen von guter Schule. Grundlegend ist für alle eigentlich nur die Idee, mit verschiedenen Methoden zu experimentieren und sie zu evaluieren.

In der ersten Gruppe von „methodos" war Frontalunterricht mehr oder weniger verpönt. Man wollte nicht, dass der

Lehrer vorne steht und erklärt, während die Schüler hinten sitzen und konsumieren. Schon das Bild des stehenden Lehrers vor sitzenden Schülern, das das Gefälle zwischen Lehrer und Schüler optisch deutlich machte, wirkte auf die Schüler manchmal wie ein „rotes Tuch".

Die einzige frontalunterrichtähnliche Methode, die „erlaubt" war, sah vor, dass ein Schüler sich mit einem bestimmten neuen Thema intensiv auseinandersetzte und es dann, ähnlich einem Schulreferat, den Mitschülern beibrachte. Der Unterschied zu einem Referat ist, dass der vermittelnde Schüler sich nicht auf einen Vortrag beschränkt, sondern den ganzen Unterricht leitet. Die Schüler versprachen sich viel von dieser Methode, und tatsächlich war sie teilweise auch sehr erfolgreich. Wenn man so will, ist das ein schülergeleiteter Frontalunterricht, bei dem der Lehrer nicht anwesend ist. Er wird erst hinzugezogen, wenn der informierende Schüler selbst nicht weiterweiß. Das bedeutet: Fragen, die in dieser Gruppenarbeit nicht beantwortet werden konnten, werden dem Lehrer im nächsten Unterricht gestellt. Zum Teil konnte mit dieser Methode intensiv und effektiv gemeinsam gearbeitet werden, und sie wurde auch in den Folgejahren immer wieder angewandt. Leider kollidiert sie mit dem Freiheitsprinzip, dessen Möglichkeiten und Grenzen oft diskutiert wurden und die von jeder Gruppe neu geklärt werden müssen.

Im Prinzip wird niemand gezwungen, bei „methodos" zu erscheinen. Es gibt aber Termine, beispielsweise Gruppenreflexionen, bei denen die Anwesenheit aller wichtig ist. Im Idealfall ist jedem Schüler ein solcher Termin so wichtig, dass er von sich aus daran teilnehmen möchte und anwesend ist. In der Realität ist das jedoch nicht immer der Fall. Auch andere Absprachen wie zum Beispiel Gruppenarbeiten werden, vor allem in großen Gruppen, nicht von allen immer ernst genug genommen, sodass man sich auf die Anwesenheit eines jeden verlassen könnte. Gerade dann stellt sich die Frage: Wie soll die Gruppe in einer solchen Situation reagieren? Man möchte jedem den Freiraum geben, den er benötigt. Doch wenn die Gruppe so sehr unter der Unzuverlässigkeit Einzelner leidet, wird verpflichtende Anwesenheit zu bestimmten Zeiten festgelegt. Aber selbst dann hat die Gruppe kein wirksames Druckmittel in der Hand, um diese Absprache umzusetzen.

Wir haben uns in unserer „methodos"-Gruppe natürlich immer wieder Regeln ausgedacht, zum Beispiel, dass unentschuldigtes Fehlen oder Zuspätkommen mit zehn Cent pro Minute bezahlt werden muss. Aber eine solche Regel gegen die eigenen Mitschüler durchzusetzen ist nicht leicht.

Ähnliches gilt für das eigene Lerntempo. Im Prinzip ist jeder Schüler dafür selbst verantwortlich. Davon will ich auch nicht abrücken. Schwierig wird das, wenn man sich für eine Gruppenarbeit verabredet hat und derjenige, der sich bereit erklärt hatte, die Einführung in das neue Thema zu leiten, es nicht geschafft hat, sich rechtzeitig vorzubereiten.

Diese beiden Punkte verhinderten, dass die oben beschriebene Methode den verdienten Erfolg brachte. Dass der Ansatz dennoch sehr gut ist, zeigte sich immer dann, wenn die Schüler es schafften, danach zu arbeiten. Dann war die gemeinsame Arbeit sehr fruchtbar.

Eine Abwandlung dieser Methode, die die Schwierigkeiten, mit denen wir in der Praxis konfrontiert waren, berücksichtigt, ist, dass alle sich auf ein bestimmtes Thema vorbereiten. Dann wird in der Gruppe darüber diskutiert und versucht, gemeinsam zu neuen Erkenntnissen zu kommen. Wenn möglich, werden offene Fragen von den Mitschülern beantwortet. Die übrigen Fragen werden in den Lehrerstunden besprochen. Bernhard, dem man die Weiterführung von

„methodos" nach dem ersten Jahr seiner Entstehung hauptsächlich verdanken kann, war lange ein leidenschaftlicher Verfechter dieser strikten Methode: „In der Vierergruppe meines ersten Jahres ließ sich mein Ideal von der Gruppenarbeit gut umsetzen: Wir haben etwas vorbereitet, das in der Gruppe besprochen und dann an den Lehrer weitergetragen. Mein Konzept war ein bisschen starr. Ich habe versucht, das auf die Zehnergruppe im nächsten Jahr zu übertragen, aber da hat das überhaupt nicht mehr funktioniert." Was in der einen Gruppe gut umsetzbar ist, kann in der anderen Gruppe kläglich scheitern. Aber starre Konzepte, wie das, was Bernhard anfangs als Ideal betrachtete, sind selten dauerhaft erfolgreich. Das hat er auch eingesehen: „Man kann die Menschen doch nicht gleichmachen. Jeder hat so seine Motivation und Herangehensweise. Ich dachte, man kann so einen Gruppendruck aufbauen und damit die Gruppenarbeit ein bisschen erzwingen. Das hat sich rückgekoppelt auf das, was ich mir von der Gruppe erhoffte, ich wollte diesen Gruppendruck für mich." Diese Methode verlangte zu viel Disziplin von allen. Nicht jeder konnte mit dem dadurch aufgebauten Druck richtig umgehen, manche der Schüler waren ja auch gerade deshalb bei „methodos" gelandet, weil sie eben diesem Druck an der Schule entfliehen wollten. Andere, die mit dieser strukturierten Form gut klarkamen, waren frustriert, wenn sie in den Gruppenarbeiten die Einzigen waren, die angemessen vorbereitet waren. Ein anderer Aspekt, der diese Form der Gruppenarbeit häufiger fruchtlos bleiben ließ, war, dass in einigen Fächern, beispielsweise Geschichte, größtenteils alle die gleichen Lernmaterialien hatten, in dem Fall die sehr ausführlichen Hefte der „Bundeszentrale für politische Bildung" und ein zusammenfassendes Schullehrbuch. Alle hatten also dieselben Texte gelesen, und da gab es wenig Redebedarf. Für die tiefer gehenden Fragen aber brauchte man den Lehrer. Die Gründergruppe begegnete diesem Problem, indem jeder unterschiedliche Materialien las, was vor allem in Geschichte sehr interessant sein kann. Einer liest ein Geschichtsbuch aus der ehemaligen DDR, der andere eines aus der gleichen Zeit, das jedoch in Westdeutschland erschienen ist, ein Dritter liest Zeitungsberichte aus dieser Zeit und wieder ein anderer nimmt ein aktuelles Geschichtsbuch zur Hand und liest über diese Zeit in der Retrospektive. Dadurch wird ein Thema aus ganz verschiedenen Perspektiven beleuchtet, die sich nur in den Fakten gleich sind, in der Interpretation aber völlig unterschiedlich. In der Gruppenarbeit stellten die Schüler diese Darstellungen dann vor und ergänzten sich so gegenseitig. Dabei wurden die Absichten hinter der Art der Geschichtsschreibung in den verschiedenen politischen Systemen und in den je verschiedenen Zeiten sichtbar. Diese Art der Arbeit trägt wesentlich dazu bei, sich selbst eine unabhängige Meinung bilden zu können und ist eine sehr spannende, aber zeit- und arbeitsaufwendige Herangehensweise an den Stoff. Die Zeit, die vor allem kurz vor dem Abitur immer knapper wird, ist ein wichtiger Faktor, der so manche Arbeitsweise, mit der man gute Erfahrungen gemacht hat, in den Hintergrund rücken lässt.

„Dass dieses Ideal nicht umsetzbar war, war okay, und ich habe meine Vorstellungen von gutem Lernen dann an die Erfahrung angepasst", erzählte Bernhard weiter. „Ich bin dann dazu übergegangen, viel selbst zu arbeiten, bei Unklarheiten zu schauen, ob sich eine Gruppe findet, in der man das Thema und Fragen besprechen kann, das aber freizulassen und dann die Fragen mit dem Lehrer eher einzeln zu besprechen. Das setzt voraus, dass man weiß, wer inhaltlich gerade wo steht, aber das ist ja durch die Reflexionen gegeben. Da wusste ich dann, an wen ich mich wenden kann, und das hat auch immer ganz gut geklappt. In Biologie habe ich da oft mit Ayla zusammengearbeitet, in Mathe mit Simon und so weiter. In den Lehrerstunden haben wir, gerade zum Abi hin, mit der ganzen Gruppe eher allgemeine Fragen besprochen, aber konkrete Fragen wurden im Einzelgespräch geklärt."

Diese Kleingruppenarbeit hat sich als besonders effektiv und befriedigend herausgestellt. Sie ist flexibel einsetzbar, benötigt keinen großen Vorbereitungsaufwand und ist durch die wenigen Teilnehmer meistens sehr intensiv. Man kann sie auf unterschiedliche Weisen einsetzen. Entweder geht man nach dem Prinzip „Starker Schüler hilft schwächerem Schüler" vor oder es bilden sich Grüppchen von Schülern, die sich auf dem gleichen Lernniveau befinden und ähnliche Herangehensweisen und Denkstrukturen haben. Beide Arten sind für alle Seiten sehr effektiv. In der „Starker-Schüler-schwacher-Schüler"-Kombination profitiert der schwächere Schüler durch den „Einzelunterricht", in dem er alle Fragen persönlich erklärt bekommt. Der stärkere Schüler verinnerlicht den Stoff noch einmal und merkt, an welchen Stellen es bei ihm selbst noch Lücken gibt. In der Kleingruppe von Schülern, die auf dem gleichen Lernniveau sind, ist keiner überfordert oder langweilt sich, weil ein Thema noch einmal wiederholt werden muss, das er schon verstanden hat. An den Gesprächen, die sich dabei entwickeln, kann jeder produktiv teilnehmen. So entstehen im gemeinsamen, intensiven Lernprozess neue Erkenntnisse.

Abläufe, Zusammenhänge, Strukturen und Ergebnisse zu erkennen und zu verstehen, durch einen Prozess selbst zu Erkenntnissen zu kommen, ohne sie als fertiges Produkt von einem Lehrer serviert zu bekommen, sind zutiefst befriedigende Erfolgserlebnisse, die die Motivation und Freude am Lernen bis hin zu Begeisterung steigern können. Auch dass dieser Prozess gemeinsam durchlaufen und als Gruppe etwas erreicht wird, ist sehr besonders. Eva antwortete auf die Frage, was das Beste sei, das sie bei „methodos" gelernt habe: „Das Abiturwissen! Das ist einfach so spannend für mich. Ich hätte es zwar auch an einer normalen Schule bekommen können, aber nicht in der Qualität." Und weiter sagte sie: „Was mir bei ‚methodos' immer mehr bewusst wird: wie wahnsinnig toll es ist, Bildung erlangen zu können. Ich merke jede Woche, wie die Vorbereitung auf das Abitur auch meinen Horizont erweitert, wie ich die Welt viel mehr durchblicke. Das ist wie eine gewisse Sucht. Es ist so toll, sich immer mehr auszukennen und immer mehr zu verstehen."

Der Lernstoff bei „methodos" ist der gleiche wie der an allen anderen Gymnasien, und nur die andere Herangehensweise veränderte so viel an der Einstellung der Schüler gegenüber dem Lernen. Wer einmal diesen Erkenntnisprozess erlebt hat, braucht keinen Druck mehr, um zum Lernen motiviert zu werden. Doch Motivation ist das Wesentliche, das vorhanden sein muss, um sich Wissen anzueignen. Motiviert wird man auf unterschiedliche Weise: durch Druck und durch Interesse. Der Druck ist ein von außen auf den Schüler einwirkender Einfluss, das Interesse ist ein intrinsischer Impuls. Auch wenn man sich den Druck selbst aufbaut, so wie es bei „methodos" geschieht, kommt der Grund dazu von außen: Zeit, Konkurrenz, Ehrgeiz, Pflichtbewusstsein den Mitschülern gegenüber. Dennoch ist der Unterschied zum durch den Lehrer aufgebauten Druck groß.

Ich denke, dass weder das eine Extrem, also durch Druck zu lernen, noch das andere, das heißt von reinem Interesse angetrieben zu sein, gut, produktiv und dauerhaft umsetzbar ist. Die richtige Kombination, die bei jedem Schüler etwas anders aussieht, ist entscheidend. Und es ist wichtig, dass jeder Schüler die Möglichkeit hat, die für ihn passende Kombination verwirklichen zu können.

An der Regelschule spielt der Druck bekanntlich die bei Weitem größte Rolle. Das Interesse ist sicher vereinzelt bei dem ein oder anderen Schüler vorhanden, aber grundsätzlich wird nicht viel Zeit darein investiert, es zu wecken. Umso mehr Wert wird bei „methodos" darauf gelegt, das Interesse als Motivationsmotor zu wecken.

Immer wieder kommt es vor, dass wir uns bequem im Alltag einrichten, ohne die bestehenden Verhältnisse noch ehrlich zu hinterfragen. Doch diesem Trott folgt immer ein Aufschrecken und die Frage: „Was machen wir hier eigentlich? Warum machen wir es so, obwohl es uns nicht weiterbringt?" Einer dieser Umbruchtage war der 15. Mai 2010. Die Abiturienten, die ein Jahr vor mir ihre Prüfungen ablegten, bekamen an diesem Tag die Ergebnisse ihrer schriftlichen Klausuren. Es war ein Tag, der vor allem uns drei „Nochnicht-Abiturienten" lange in Erinnerung blieb. Unser Lernraum befand sich zu dieser Zeit in einem fast verlassenen ehemaligen Schulgebäude im Stadtviertel Weingarten: ein hässlicher Plattenbau, grau und orange, mit Einschusslöchern in manchen Fenstern, aus dem wir nach einem halben Jahr wegen Einsturzgefahr wieder ausziehen mussten. Trotzdem konnten wir uns hier wohlfühlen. Wir hatten einen sehr großen Raum mit großer Fensterfront, den wir durch mobile Wände in zwei Räume aufteilen konnten. Leider wurde mein Antrag auf ein Sofa im Lernraum vom Großteil der Gruppe abgelehnt, aber ansonsten richteten wir es uns gemütlich ein: Die Wände waren vollgehängt mit Lernplänen, Organisationslisten, Ergebnissen von Gruppenarbeiten, Zeitleisten für Geschichte und einem kitschigen Katzenkalender, den wir von unserer Englischlehrerin geschenkt bekommen hatten. Aber an diesem Morgen – die Natur erstrahlte in sattem Grün und der Sommer stand schon vor der Tür – war die Stimmung in unserem Raum angespannt, fast bedrückend. Die Abiturienten hatten ihre Ergebnisse per Post zugeschickt bekommen, und viele wurden negativ überrascht. An ihren Gesichtern konnte man die Enttäuschung ablesen, manche waren fast geschockt. Mit solch schlechten Ergebnissen hatten sie nicht gerechnet. Die externe Prüfung ist eben doch ein Pokerspiel, und dieses Mal war es gegen sie ausgegangen. Jetzt hieß es für sie Pauken, Pauken, Pauken, um in den noch kommenden mündlichen Prüfungen zu beweisen, was sie eigentlich können.

Die Bedrückung färbte auch auf uns drei ab, die wir noch in der Vorbereitung steckten. Die Befürchtung, dass das externe Abitur schlechter ausfällt als das an einem Gymnasium, schien sich zu bestätigen. Und während die Abiturientengruppe in dem einen Raum versuchte, aus der Enttäuschung neue Energie für die nächste Herausforderung zu ziehen und Lern- und Zeitpläne für die letzten Wochen ihrer Schulzeit aufstellte, reflektierten wir im anderen Raum die vergangenen Wochen.

Wir hatten uns von der Büffelstimmung der Abiturienten anstecken lassen, stellten wir fest. Aber während das Pauken bei ihnen notwendig gewesen war, hatte es bei uns zu Unzufriedenheit geführt. Es war nicht das, was wir uns unter gutem Lernen vorstellten, und machte uns so keinen Spaß. Kurz vor dem Abitur ließ es sich vielleicht nicht verhindern, dass man sich den Stoff irgendwie in den Kopf bringen musste, aber jetzt war für uns die Zeit, in der wir genau so lernen konnten, wie wir es wollten. Wir hatten noch genug Zeit zum Experimentieren und Spielraum für mögliches Scheitern. Die Erkenntnis, dass wir die letzten Wochen in einen stupiden Lernrhythmus verfallen waren, ohne dass es uns wirklich bewusst gewesen wäre, und das daraus resultierende Gefühl, dass wir unsere Zeit verschwendet hatten, waren ernüchternd. Genau das wollten wir nicht!

Wir beleuchteten sehr genau, was schiefgelaufen war. Das Lernen hatte keine Freude mehr gemacht, wir lernten nicht mehr aus Interesse, sondern um in den nächsten Lehrerstunden vorbereitet zu sein. In diesen ergaben sich für uns keine neuen Erkenntnisse, und wir bereiteten uns nur vor, um kein schlechtes Gewissen zu haben. Wir schleppten uns also von Unterricht zu Unterricht, ohne für uns aus dem Gelernten etwas ziehen zu können, und setzten uns selbst unter Druck, wenn wir unsere eigenen Vorgaben nicht einhielten. Dadurch wurde das Lernen „zäh", und die Dynamik, die durch Wissensdurst entsteht, ging verloren. Wie an unserer alten Schule, fanden wir. Und das war die größte Kritik, die wir an unserer Lernmethode üben konnten.

So schauten wir uns die einzelnen Unterrichte genau an. Wollten wir, dass es weiterläuft wie bisher? Oder musste etwas verändert werden? In Geschichte zum Beispiel sahen wir Handlungsbedarf. Jan, unser Geschichtslehrer, nahm sich sehr stark zurück und erwartete von uns – so verstanden wir es –, dass wir die Führung des Unterrichts komplett übernehmen. Aber das konnten wir nicht leisten. Wir fühlten uns damit überfordert. Als wir dann alles genau angeschaut hatten, gingen wir den entscheidenden Schritt: Wir machten es anders!

Ich sprang auf, ging an die Tafel, schnappte mir die Kreide und fragte die beiden anderen: „Was interessiert uns denn an welchem Fach? Warum *wollen* wir das lernen?" Jedes Fach bekam eine Tafelseite, und los ging es mit dem Brainstorming.

Der erste Schritt zur Umsetzung all unserer großen Vorhaben war, diese Liste auf ein Plakat zu schreiben und es in unserem Lernraum aufzuhängen, damit wir unsere Ziele und

Motivationen immer vor Augen hätten und an den Enthusiasmus dieser zwei Stunden erinnert würden. Wir hatten uns
viel vorgenommen, doch wir waren auch hoch motiviert.
Die Dynamik, die in den letzten Wochen verloren gegangen
war, brach mächtig wieder hervor, Vorfreude und Tatendrang
packten uns.

Es sind diese Situationen, die „methodos" zu etwas Besonderem machen. Das ehrliche Hinterfragen und Reflektieren, bisweilen das Eingestehen des eigenen Scheiterns. Und
dann der Schritt, etwas Neues zu entwerfen und aufzubauen.
Aus diesen Momenten kann man viel Energie und Motivation
ziehen.

Und wie läuft so eine Lehrerstunde ab?

Eine typische Lehrerstunde bei „methodos": Helmut, der Bio-
lehrer, kommt pünktlich um zwei Uhr. Als er den Raum
betritt, sind die Schüler mit den unterschiedlichsten Dingen
beschäftigt: Die einen füllen noch eilig die Zuwendungsbestä-
tigung an die GLS-Bank, einen der Hauptsponsoren, aus. Andere sitzen auf dem Sofa, albern herum. Gerade wollten sie
einen Stierkampf veranstalten, wie auch immer das gehen
sollte. Clara befreit den Tisch von Kuchenkrümeln, die vom
gemeinsamen Geburtstagsfrühstück heute Morgen übrig geblieben sind. Dennoch wird Helmut von allen begrüßt, ein
freundlich gemurmeltes „Hallo, Helmut" kommt dem inzwischen pensionierten Lehrer aus den verschiedenen Ecken des
Raumes entgegen. Er sucht sich einen freien Platz am langen,
quietschorangen Tisch, an dem auch die Schüler ihre Lernsa-
chen ausgebreitet haben, und packt gemütlich seine Unterlagen aus: ein dickes Biologiebuch, einige Kopien und Notiz-
blätter zum Thema „Replikation der DNA". Seine schwarze

Wachsjacke samt der Tasche legt er zu anderen Taschen und Jacken auf das orange Sofa. Er unterhält sich noch ein bisschen mit dem ein oder anderen Schüler, bis sich alle an den Tisch begeben haben und der Biologieunterricht beginnen kann. Dass Schüler und Lehrer auf Du und Du stehen, scheint in dieser Atmosphäre gar nicht anders denkbar.

Trotz des trüben, nebligen und nassen Novemberwetters vor den Fenstern, das auch in den Raum eindringt, wenn das Fenster zum Lüften geöffnet wird, ist die Stimmung der Gruppe junger Leute locker, entspannt und fröhlich. Im Lauf des Unterrichts entwickeln sich immer wieder Diskussionen, bei denen der Geräuschpegel im Raum deutlich ansteigt.

Eine dieser Diskussionen wird angestoßen von Clara, der aufgeweckten jungen Frau, die so gerne im Unterricht strickt („Da kann ich besser zuhören, wirklich!"). Sie unterbricht Helmuts Erklärungen mit einem Zwischenruf: „Halt, stopp, ich hab es noch nicht ganz verstanden! Kannst du es mir noch einmal erklären?" Aber nicht Helmut antwortet ihr jetzt, sondern ihre Mitschüler versuchen, ihr die Materie verständlich zu machen. Alle sind mit vollem Einsatz dabei, die Gesichter sind hoch konzentriert und interessiert.

Helmut lässt die spontane Diskussion zu, erklärt zwischendurch Eva, die neben ihm sitzt, genauer die Besonderheiten der Bakterien-DNA gegenüber eucytischer DNA. Als der Geräuschpegel nach ungefähr zehn Minuten wieder sinkt, der Diskussions- und Erklärungsbedarf der Schüler gestillt ist, übernimmt Helmut wieder das Erläutern. So ergibt sich ein ungezwungenes Spiel von Diskussionen unter den Schülern und Erläuterungen und Erklärungen des Lehrers.

Die Unterrichtssituationen bei „methodos" sind offen und der Lehrer ist flexibel. Oft ist er gar nicht vorbereitet, sondern betritt den Lernraum der Schüler mit der Frage: „Wo steht ihr gerade? Und was braucht ihr von mir?" Diese Offenheit zieht sich durch die ganze Zeit des Unterrichts. Das Tempo und auch die Schwerpunktsetzung werden größtenteils durch die Schüler bestimmt. Bei Bedarf oder Interesse wird ein Thema herausgegriffen, genauer angeschaut und erklärt. Diskussionen werden zugelassen.

Die Grundlage und entscheidende Voraussetzung für eine so produktive Unterrichtssituation ist das Selbstverständnis der Schüler und das bereits mehrmals erwähnte Lehrer-Schüler-Verhältnis. Die Schüler möchten etwas lernen und laden den Lehrer deshalb zu sich ein. Sie bitten ihn darum, ihnen zu helfen. Dabei fühlen sie sich selbst für ihren Lernerfolg verantwortlich und schieben diese Verantwortung nicht auf den Lehrer ab. Tauchen Probleme auf, versucht man gemeinsam, eine Lösung zu finden. Durch das Interesse der Schüler an den Lerninhalten und ihren Einsatz im Unterricht wird oft ein tiefes und intensives Eintauchen in den Stoff möglich. Gespräche und Diskussionen finden deshalb auf hohem Niveau statt, fern des Belehrungscharakters des üblichen Schulunterrichts.

Auch das Lehrerselbstverständnis spielt dabei eine große Rolle. Dieter beschreibt eine Unterrichtssituation. Hier wird seine Rolle im Unterricht deutlich: „Beim Eintreten bietet sich mir folgendes Bild: Sechs junge Leute (vier Damen, zwei Herren) sitzen an zwei zusammengestellten Tischen und grübeln über irgendwelchen Aufgaben. Mein Gruß wird mit einem kurzen ‚Hallo, Dieter' erwidert, ohne dass die Arbeit unterbrochen wird. Ich packe meine Sachen aus und schaue, was die Einzelnen so machen. Jeder beschäftigt sich mit einer anderen Aufgabe. Manchen kann ich dabei einen Tipp zum Weitermachen geben, manchmal auch einen Fehler korrigieren. Andere möchten eine Erklärung zu dem fachlichen Text, mit dem sie sich gerade auseinandersetzen. Einer ist mit einem Teilabschnitt fertig und würde gern einen Test dazu machen. Ich verspreche ihm, einen solchen beim nächsten Mal mitzubringen.

Nach einigen persönlichen Hilfen würde ich gern allgemein ein fachliches Problem ansprechen, das bei mehreren aufgetreten ist, nämlich die möglichen Schnittflächen einer Ebene mit einem Würfel. Aber: Es betrifft nicht wirklich alle, sondern nur diejenigen, die im zweiten Jahrgang sind. Damit ist das eigentliche Problem benannt: In der Gruppe sitzen zwei Jahrgänge zusammen, beide aus jeweils drei Schülern bestehend. Da sich eine Erklärung an der Tafel verbietet, um die anderen nicht übermäßig zu stören, rücken wir die beiden Tische auseinander und bilden somit zwei Gruppen. Dann kann ich der einen Gruppe in Ruhe auf dem Zeichenblock erläutern, dass die Schnittfläche einer Ebene mit einem Würfel ein Dreieck, ein Viereck, ein Fünfeck oder sogar ein Sechseck sein kann – ein Quader dient dabei der Unterstützung der Vorstellungskraft. Anschließend gehe ich zu den Lernenden der anderen Gruppe und unterhalte mich mit ihnen über die verschiedenen Arten von Definitionslücken und Asymptoten bei gebrochen-rationalen Funktionen, da alle mittlerweile bei diesem Thema angelangt sind. Es spielt dabei keine wesentliche Rolle, wie weit der Einzelne schon gekommen ist. Nach Klärung des Sachverhalts und aller offenen Fragen kann sich jeder wieder der Aufgabe zuwenden, an der er zuvor gerade gearbeitet hat.

Natürlich passiert es, dass es einem zwischendurch zu anstrengend wird oder ihm einfach die Lust vergeht, dann hört er auf und macht etwas anderes oder ganz einfach eine Pause. Denn wenn die Aufnahmekapazität an einem toten Punkt angelangt ist, hat es keinerlei Sinn, noch weiterzumachen. Wie lange einer an der Mathematik sitzt, entscheidet sowieso jeder für sich allein, ich halte mich da völlig raus. Ich gebe lediglich Empfehlungen für das weitere Vorgehen und eventuell einen zeitlichen Rahmen vor, wenn das Bedürfnis danach vorhanden ist. Ansonsten bleibe ich der Fachberater, der den jungen Leuten beim Erwerb der notwendigen Kenntnisse nach Möglichkeit hilft, der aber nicht versucht – ein Hauptübel unserer Schulpraxis –, ihnen etwas beizubringen oder gar einen bestimmten Stoff ‚durchzuziehen‘.

Die Probleme beim gemeinsamen Lernen, die für alle Fächer in unterschiedlicher Weise gelten, treten vermutlich in Mathematik am deutlichsten zutage. Hier passiert es am ehesten und auffälligsten, dass einer plötzlich nichts mehr versteht, weil er eine Lücke noch nicht überbrückt hat. Hinzu kommt, dass gerade in der Oberstufe der größte Teil der mathematischen Inhalte äußerst systematisch aufeinander aufbaut. Da kann sich eigentlich keiner eine Lücke leisten.

Man muss also die Inhalte richtig verstanden haben. Dazu wiederum ist notwendig, dass sich jeder mit angemessener Hilfe so lange damit beschäftigen kann, bis er es wirklich in einem tieferen Sinn verstanden und nicht nur nachvollzogen hat. In keinem anderen Fach wird die Individualität so offenkundig, daher ist der übliche Schulunterricht, auch wenn man die vielen Übungen und Wiederholungen berücksichtigt, für den Einzelnen oft ein Unding.

Um ein wirklich individuelles Lernen zu ermöglichen, braucht der Lernende geeignete Unterlagen. Da die Schulbücher in Mathematik zum eigenen Lernen für die meisten Schüler unbrauchbar sind, habe ich ‚Bausteine‘ geschrieben, die es den Schülern ermöglichen, sich die mathematischen Inhalte selbst anzueignen, freilich nicht gänzlich ohne fachliche Unterstützung. Somit findet in Mathematik praktisch kein Unterricht im herkömmlichen Sinn statt. Der Fachlehrer begleitet jeden da, wo er sich gerade befindet. Im Bild des Bergführers ist er also einer, der sich an jede einzelne Position zoomen kann und dort den einzelnen Wanderer ein Stück des Weges begleitet, ihm vielleicht die Umgebung erläutert oder ihm über eine besonders schwierige Stelle hinüberhilft. Zwischendurch werden gemeinsame Pausen vereinbart, in denen alle zusammen ein Fachgespräch führen, jeder von dem Standort aus, an dem er sich gerade befindet. Natürlich ist es für solche Fachgespräche hilfreich, wenn die Standorte nicht allzu weit auseinanderliegen. Ideal ist, was die meisten auch immer wieder schaffen: dass sich zwischendurch alle an einem gemeinsamen Rastplatz einfinden, auch wenn die Wege dorthin unterschiedlich waren. Er wird dadurch seine bisherigen Kenntnisse ergänzen und vertiefen können, und da er das meiste des Gesprochenen auch wirklich versteht, verspürt er nur ein geringes oder auch gar kein Bedürfnis, sich die Audiostöpsel in die Gehörgänge zu schieben. Über den Nutzen und die Häufigkeit solcher Fachgespräche gehen die Meinungen allerdings auseinander, was wohl auch nur natürlich ist. Die einen verlangen ständig nach solchen Fachgesprächen mit möglichst viel Tiefgang, die anderen wollen eher auf einem möglichst breiten Weg geführt werden und sind nicht an jedem Ausblick interessiert."

Dieter sagt hier anstatt „Lehrer" lieber „Fachberater". Tatsächlich wurde die Frage, welche Begriffe bei „methodos" verwendet werden sollen, oft diskutiert. „Lehrer", „Schüler" oder „Unterricht" sind Worte, mit denen schnell eine bestimmte Lernhierarchie und Strukturform verbunden werden. Von diesen traditionellen Vorstellungen wollten die Schüler bei „methodos" loskommen. Aber in der Frage, welche Begriffe man stattdessen verwenden sollte, waren und sind sie sich nicht immer einig. Wie könnte man Schüler besser benennen? Als „Lernende"? Doch auch die Lehrer sind Lernende! Und wie nennt man Lehrer? „Lernbegleiter", „Wissensvermittler", „Fachberater"? Es gibt viele Möglichkeiten, die schöner und treffender sind als das Wort „Lehrer", aber einigen konnte man sich nicht. Eine Ausnahme ist der Ersatzbegriff für das Wort „Unterricht". Hier hat sich das Wort „Lehrerstunde" bald eingebürgert. Es trifft die Situation auch viel besser: Stunden, in denen ein Lehrer anwesend ist, um den Schülern zu helfen – was durchaus nicht während der ganzen „methodos"-Zeit der Fall ist. Die Schüler werden nicht „unterrichtet" oder belehrt, sondern sie lernen mit Unterstützung des Lehrers. Allerdings wird auch außerhalb der „Lehrerstunden" gelernt.

Kurz erwähnte Dieter in seinem Text die von ihm geschriebenen „Bausteine". Für die Schüler bei „mehtodos" sind sie ein Schulbuchersatz, mit denen sie die meiste Zeit arbeiten. An anderer Stelle sagte er dazu: „Eine große Hilfe beim Erwerb der Inhalte sind die von mir erarbeiteten ‚Bausteine'. Ein wenig Eigenlob bitte ich mir an dieser Stelle zu gestatten. Einen Teil des Lobes will ich auch gleich an die Schüler weitergeben, da ohne deren bereitwilliges sowie intensives und kritisches Durcharbeiten die gute Verständlichkeit nicht erreicht worden wäre. Aufgrund der vielfältigen Kommentare und kritischen Rückmeldungen konnte ich die Texte immer wieder überarbeiten und sie dadurch lesbarer und schülerfreundlicher gestalten, ich allein wäre dazu mit meiner fachlichen Verkrustung nicht in der Lage gewesen." Er hatte schon an einigen anderen Schulbüchern für Mathematik mitgewirkt. Seine langjährige Idee, Lernmaterialien zu entwickeln, mit denen sich die Schüler den Inhalt weitgehend selbstständig und in eigenem Lerntempo aneignen können, konnte er erst bei und mit „methodos" verwirklichen. Sein Einsatz ist eine große Bereicherung für die Schüler und das ganze „methodos"-Projekt.

Sie könnten sich das Mathematiklernen bei „methodos" ohne die Bausteine nicht mehr vorstellen. Und das steht dem Anspruch der Schüler, die Lehrerstunden selbst mitzugestalten, nicht entgegen. Vielmehr muss die Gestaltung des Unterrichts ein Zusammenspiel von Lehrer und Schülern sein. Erst mit dem Wissen des Lehrers, was die didaktische und methodische Gestaltung des Lernens angeht, und den Erfahrungen der Schüler am eigenen Leib kann die bestmögliche Lernform gefunden werden. So wird die Zusammenarbeit zwischen Lehrer und Schüler entspannt und fruchtbar. Jeder Lehrer bringt seine Ideen und Vorstellungen von gutem Unterricht auf diese Weise in die Gruppe. Daran wird gemeinsam modelliert und es entsteht eine Arbeitsgrundlage, die wiederum bei Bedarf verändert, weiterentwickelt oder gar verworfen wird. Denn auch in den Lehrerstunden stehen das Experimentier- und Evaluierprinzip als einzige feste Komponente.

Im Unterschied zum Mathematikunterricht, in dem, wie oben beschrieben, der Lehrer vor allem konkrete Fragen klärt und bisweilen eine Einführung oder ein Gespräch auf höherer Ebene über Mathematik führt, ist der Geschichtsunterricht eine „Erzählrunde". Uli versteht sich selbst als „Geschichtsonkel", und seine Begeisterung für dieses Fach hat auch trockene Fakten interessant werden lassen. Wir arbeiteten in Geschichte viel selbstständig außerhalb der Lehrerstunden. Eine Geschichtsstunde mit Uli und meiner Lerngruppe bei „methodos" wird in einem Artikel des „fudder", einem Ressort der „Badischen Zeitung", von dem Journalisten Martin Jost schön beschrieben:

„Mittwochmorgen, neun Uhr in Freiburg. Knappe sechs Wochen bis zum schriftlichen Abi. Alia, Jaska, Eva und Florian haben zwei Stunden Geschichte vor sich. Ihr Lehrer Ulrich Winterhager hat graues Haar und trägt einen großen goldenen

Ohrring und einen schwarzen Rollkragenpullover. Er lehnt lässig auf seinem Drehstuhl und blättert im Geschichtsbuch hin und her. Ein bisschen frotzeln die vier mit ihm darüber, ob er einen Lieblingsschüler habe. Nach dem Palaver kommt er zur Sache: ‚Was wollt ihr heute von mir?‘

‚Untergang von der DDR‘, kommt als Antwort.

‚Das ist keine gute Frage‘, sagt der Lehrer. Er lässt die vier ein bisschen raten, was er meint. Auf zweierlei möchte er hinaus: die Rettung des Genitivs und eine Diskussion – kann man sagen, die DDR sei in sich zusammengestürzt?

‚Keine Ahnung‘, sagt Alia.

‚Das dürfen normale Schüler sagen‘, stichelt Ulrich Winterhager, ‚ihr nicht!‘ Wenn sie sich ein- bis zweimal am Tag von einem Lehrer unterstützen lassen, sind sie alle top vorbereitet. Wissensfragen gehen ins Detail: Lag Leipzig im ‚Tal der Ahnungslosen‘? Wie sahen in der DDR die Wahlzettel aus, wenn es Einheitslisten gab? ‚Das Unterrichten ist überhaupt nicht dasselbe wie an einer konventionellen Schule‘, sagt Ulrich Winterhager. ‚Diese Schüler erarbeiten den Stoff selbst und verwenden mich als Experten für offene Fragen und Zusammenhänge. Sie sind unheimlich selbstständig. Ich ziehe jeden Tag meinen Hut vor denen.‘ Na ja, sprachlich würden sie sich nicht immer präzise ausdrücken. Daran arbeite er aber mit ihnen, schließlich müssen sie in der Prüfung ihr Wissen auch genau wiedergeben.“

Doch nachdem er uns auf jeden kleinen Fehler unserer deutschen Grammatik und Ausdrucksweise aufmerksam gemacht hatte, was er gerne tat, begann er zu erzählen. Zwischendurch stellte er immer wieder Fragen. Er testete dadurch, ob wir uns auf diesem Gebiet schon auskannten, was wir wissen wollten und wo noch Lücken waren. Außerdem kamen so spannende Diskussionen zustande, in die alle integriert waren.

Auch wir warfen immer wieder Fragen und Kommentare in seinen Redefluss ein, und so vergingen die zwei Stunden in interaktivem Gespräch sehr schnell. Uli kann im Erzählen Geschichte lebendig werden lassen. Durch die vielen Anekdoten, anschaulichen Beispiele und eine andere Perspektive auf das Geschehene haben sich uns viele Zusammenhänge und die Auswirkungen verschiedener Faktoren auf die Menschen erschlossen. Weil er so lebendig und anschaulich erzählen kann, sind diese Erkenntnisse bleibend, im Gegensatz zu „reingepaukten" trockenen Fakten, die nach dem Abitur schnell aus dem Gedächtnis verschwinden. Uli selbst sagte auf die Frage, was guter Unterricht für ihn sei: „Guter Unterricht schafft Kenntnisse, vermittelt Begeisterung, hat zur Voraussetzung einen entsprechenden Raum, die richtige Zeit, braucht interessierte Schüler und kompetente Lehrer, die den richtigen Ton finden."

Diese Situation ist das Ziel, und es gibt verschiedene Wege dorthin. In manchen Fächern lenkt der Lehrer mehr, in anderen weniger. Hier arbeitet man auch im Unterricht in Kleingruppen, dort wird in der großen Gruppe gelernt und diskutiert. Kein Fachunterricht gleicht dem anderen. Von der vehementen Ablehnung herkömmlicher Unterrichtsformen sind die Schüler bei „methodos" etwas losgekommen, denn wenn es sie weiterbringt, warum sollte man dann auf einen guten Lehrervortrag verzichten? Das Entscheidende ist ohnehin die Einstellung, mit der Schüler und Lehrer an die Sache herangehen. Interessiert die Schüler, was ihr Lehrer ihnen erzählt, und tut dieser es gerne und gut, dann verschafft auch Frontalunterricht Kenntnisse und vermittelt Begeisterung, um Ulis Definition von gutem Unterricht aufzugreifen.

Lernen ohne Sollen und Müssen

„Ich würde erst mal für ein halbes Jahr in Urlaub fahren, wenn ich zu ‚methodos‘ kommen würde!“, meinte kürzlich Joscha, mit dem ich mir ein Baden-Württemberg-Ticket von Stuttgart nach Freiburg teilte, lachend, als ich ihm von „methodos“ erzählte. Ich lachte mit. Es scheint so abwegig zu sein, täglich in die „Schule“ zu gehen, ohne dazu gezwungen zu werden. Und noch abwegiger ist es, aus freien Stücken zu lernen. Aber bei „methodos“ ist das selbstverständlich. Natürlich gibt es für jeden Tage, an denen er das Haus oder Bett nicht verlassen möchte, oder spannende Veranstaltungen unter der Woche, für die man einige Tage fehlen muss. Und das ist dann auch in Ordnung. Aber im Großen und Ganzen ist auf jeden Verlass.

Die Schüler bei „methodos“ sind sich ihrer Freiheit bewusst. Aber auch der Konsequenzen ihres Handelns. Wer das Abitur wirklich machen will, wird sich nicht ein halbes Jahr lang auf die faule Haut legen. Die Schüler hier haben sich bewusst für das Abitur und für „methodos“ entschieden. Um dieses selbst gesteckte Ziel zu erreichen, sind sie bereit, die Freiheit, die sie durch das Verlassen der einengenden Institution Schule gerade erlangt haben, einzuschränken.

Dass sie das Abitur machen wollen, steht also als Motivator immer im Hintergrund. Doch das reicht im Alltag nicht immer aus, um sich zu disziplinieren, auch die schwierigen Fächer in Angriff zu nehmen oder anstatt mit den anderen am Baggersee zu liegen, Geschichtsbücher zu wälzen. Für die tägliche Motivation braucht es mehr als das konfuse Ziel Abitur, das an und für sich nicht dazu angetan ist, echtes Interesse bei den Schülern zu wecken. Die wenigsten bei „methodos“ haben das Gefühl, dass das Abitur ihr Leben bereichert oder ihnen gar eine gewisse Reife bescheinigen kann.

Doch obwohl sie viel Wert auf das Interesse als intrinsischen Impuls legen, kommen auch die „methodos"-Schüler nicht ohne Druck aus. Wichtig ist aber, dass sie sich diesen Druck selbst aufbauen bzw. sich selbst dafür entscheiden. Das Abitur und der festgelegte Prüfungszeitpunkt fordern Disziplin und Zeitplanung, und auch ihnen wird in Bezug darauf immer wieder Selbstüberwindung abverlangt. Mit verschiedenen Techniken und auch Ritualen versuchen sie, sich diesen Druck selbst aufzubauen. Je nach Menschentyp sieht das sehr unterschiedlich aus.

Das zentrale Ritual, an dem alle teilnehmen und bei dem auf jeden individuell eingegangen wird, sind die wöchentlich stattfindenden Reflexionen. In großer Runde starten die Schüler montags gemeinsam in die Woche, wobei jeder erzählt, wo er gerade inhaltlich steht, welche Lernziele er in dieser Woche erreichen möchte und ob er mit seiner derzeitigen Arbeitsweise zufrieden ist, gegebenenfalls auch, mit welchen Problemen er zu kämpfen hat. Oft werden diese Gespräche von einem Supervisor geleitet, manchmal aber auch von der Gruppe allein moderiert. Dies alles wird protokolliert. So hat die Gruppe die Entwicklung des Einzelnen vor Augen und kann durch Rückfragen manchmal den „Finger in die Wunde" legen: „Was ist mit Geschichte? Wo stehst du da? Da hast du schon länger nichts mehr gemacht, oder?" Dann werden gemeinsam Lösungsstrategien entwickelt. Zum Beispiel ein Einzelgespräch mit dem Geschichtslehrer, damit der Schüler sich orientieren kann, wo er mit dem Lernen anfangen soll, was wichtig ist und in welchem Zeitraum welches Ziel erreicht werden kann. Außerdem bieten andere Schüler ihm an, sich mit ihm zusammenzusetzen, ihm eine Einführung und Übersicht zu geben, damit der erschreckend große Berg an Lerninhalten überschaubar wird.

Am Freitag reflektiert jeder Einzelne in einem Wochenrückblick, welches seiner selbst gesteckten Ziele er erreicht hat, ob er damit zufrieden ist, wo Probleme aufgetaucht sind und ob sich die angewandten Lernmethoden bewährt haben. Die anderen Gruppenmitglieder schlagen gegebenenfalls alternative Methoden vor, von denen sie denken, dass sie den Schüler in seiner Situation weiterbringen können. Ein Großteil des Evaluationsprozesses spielt sich in diesen Reflexionsrunden ab.

Sich regelmäßig öffentlich so verantworten zu müssen und gewissermaßen über sein Lernen Rechenschaft abzulegen fördert die Motivation und bei manchem auch den Ehrgeiz zu arbeiten. Wichtig ist dabei, dass die Gruppe es akzeptiert, wenn der Einzelne beschließt, eine Pause einzulegen oder sich etwas mehr Freizeit zu gönnen. Die Lösungsvorschläge der Gruppe sind immer am Willen des Betroffenen orientiert.

In vielen Fällen wünschen sich die Schüler auch einen gewissen Gruppendruck. Vor allem diejenigen, die sich selbst als faul einschätzen (und zu denen auch ich mich zähle). Dieser Typ Mensch ist, entgegen den Erwartungen Außenstehender, relativ häufig bei „methodos" vertreten. Nicht alle „methodos"-Schüler sind von vornherein diszipliniert und durchstrukturiert. Aber das Erlernen von Eigenmotivation und von Selbstüberwindung sind auch gute Gründe, zu „methodos" zu wechseln. Gerade diesen Lerntypen kann die Gruppe durch das Reflektieren des eigenen Verhaltens eine große Hilfestellung geben. Jeder Schüler entwickelt der Gruppe, teilweise sogar den Lehrern gegenüber ein gewisses Pflichtbewusstsein, inhaltlich zu arbeiten, sich vorzubereiten und sich nicht einfach auszuruhen. Besonders deutlich wird dieser Effekt, wenn in der Gruppe auch die entgegengesetzten Lerntypen vertreten sind: die Perfektionisten, die strukturiert, effektiv und viel arbeiten. Auf die „faulen" Schüler wirken diese „Perfektionisten" wie Zugpferde.

Das habe ich selbst erfahren: Jaska und ich bildeten vor allem in unserem zweiten „methodos"-Jahr eine Zweier-Lerngruppe. In fast jedem Fach arbeiteten wir viel und intensiv zusammen und ergänzten uns perfekt darin. In vielen Klausuren, die wir zusammen schrieben, bekamen wir fünfzehn Punkte. Jaska hat ihre Stärken dort, wo meine Schwächen liegen. Und das nicht nur inhaltlich gesehen. Sie gehört zu den strukturierten, disziplinierten Menschen und hatte so eine starke „Zugpferd-Funktion" für mich. Ohne ihr Vorbild, das ich täglich vor Augen hatte, hätte ich nicht halb so viel und lange für das Abitur gelernt.

Auch Techniken, die jeder für sich anwenden kann, helfen bei der Strukturierung des Lernens und der Motivation und Selbstüberwindung. Zeit- und Stundenpläne in unterschiedlichen Formen gehören dazu, beispielsweise Überblickspläne für mehrere Monate. Diese entstehen oft in Zusammenarbeit mit dem Lehrer, der Schüler und Lernstoff einschätzen und ihm so Tipps geben kann, bis zu welchem Zeitpunkt welche Inhaltseinheiten abgeschlossen sein müssen, wie zeitaufwendig die einzelnen Gebiete sind und so weiter. Dann gibt es detaillierte Stundenpläne, die ich selbst besonders in den Wochen vor dem Abitur einsetzte. Bernhard war ein großer Fan dieser strikten Stundenpläne und plante dabei alles ein, auch seine Freizeit: den Zeitpunkt des Aufstehens, die Lernzeit, die Trainingszeit, Schlagzeugspielen, Arbeiten und die Zeit, die er mit seiner Freundin verbrachte. Fast zwei Jahre lang war sein Leben auf diese Weise strukturiert. Wir bewunderten ihn für seine Disziplin, sich an diese Pläne zu halten, machten aber auch den ein oder anderen Witz darüber. Niemand sonst nahm seine eigenen Pläne so ernst wie Bernhard.

Meine Stundenplanung kam natürlich nicht einmal annähernd an Bernhards Plan heran, hatte aber das gleiche Grundprinzip: die Fächer je nach Wichtigkeit und im Verhältnis zueinander zeitlich zu gewichten. Als Orientierungshilfe für die noch zu behandelnden Themengebiete diente mir der Lehrplan. Jeder Einheit teilte ich eine Stundenanzahl zu, die der Größe und Relevanz des Themas entsprach.

Eine weitere, oft angewandte Methode sind Leistungskurven. Sie können unterschiedlich gestaltet sein. Jaska, eine Meisterin im Leistungskurven-Aufstellen und darin, sich in ihrer Arbeitseffizienz immer wieder selbst zu übertreffen, stellte ihre Tabelle folgendermaßen auf: In die erste Zeile wurden die Tage einzeln eingetragen, beispielsweise für einen ganzen Monat. Die erste Spalte wurde mit den Zahlen 1 bis 10 gefüllt. Diese Zahlen konnten wahlweise Punkte, die sie sich selbst entsprechend ihres Lernerfolges nach eigener Einschätzung gab, oder, was besser überprüfbar ist, die Stunden sein, die sie an diesem Tag mit Lernen verbracht hatte. An der entsprechenden Stelle trug sie ein Kreuz ein und nach einigen Tagen ließ sich durch das Verbinden der Punkte eine Kurve erstellen. Diese Visualisierung des Lernerfolges fördert den Ehrgeiz. Sie verbietet schlechte Tage zwar nicht, fördert aber das schlechte Gewissen, sollte man einen solchen einmal erwischen, weil dadurch die Kurve nach unten zeigt. Auf der anderen Seite werden nicht der gelernte Inhalt oder die Freude am Lernen und die Zufriedenheit mit den Methoden als Erfolg gewertet, sondern lediglich die geleistete Stundenzahl. Außerdem lässt sie die Arbeit in der Organisation außer Acht, die auch einiges an Zeit einnimmt. Diese Schwächen berücksichtigend, kann man die Leistungskurve natürlich ergänzen und variieren, beispielsweise, indem man in einer zweiten Farbe die Leistungskurve für die Organisationszeit hinzufügt. Mich selbst hat diese Technik auf Dauer immer eher frustriert, weil ich dann Maßstäbe an mich und mein Lernen anlegte, die ich nicht richtig fand. Ich ging dazu über, jeden Tag in meinen Kalender zu schreiben, in welchem Fach ich wie lange gelernt hatte, und vor allem, was ich gelernt hatte. Das Ganze ergänzte ich um Erkenntnisse und Stichpunkte. Dadurch wurde der Fokus auf den Inhalt gelenkt und nicht ausschließlich auf die Disziplin.

Und damit sind wir bei einem weiteren, sehr erfolgreichen Prinzip: sich den Zugang zu einem Fach oder, wie in meinem Fall, zu größerer Arbeitseffizienz auf einem Weg zu verschaffen, der einem selbst leichtfällt und Spaß macht. Bernhard erzählte dazu immer wieder gerne von seiner eigenen Situation: Er ist Legastheniker und ihm wurde seine gesamte Schulzeit lang erzählt, dass er Rechtschreibung üben müsse, bevor er irgendetwas anderes machen könne. Aber seine Lernerfolge waren gering, er war frustriert und hasste am Ende das Fach Deutsch – bis er zu „methodos" kam und seine Liebe zu Gedichten und Lyrik entdeckte. Er ließ die Rechtschreibung links liegen und konzentrierte sich auf das Interpretieren von Gedichten und Texten. Deutsch wurde eines seiner Lieblingsfächer, weil er es geschafft hatte, einen anderen Zugang dazu zu finden, der ihn interessierte, ihm Freude machte und bei dem er Erfolge sehen konnte. Er schrieb dann sogar selbst Gedichte. Das wiederum spornte ihn an, sich in der Rechtschreibung zu verbessern.

Aus solchen Erfolgserlebnissen kann man sehr viel Motivation ziehen. Lenya hatte dazu auch eine Anekdote parat: „Ich kann mich ganz schlecht konzentrieren, bei einer Aufgabe bleiben. Aber vor den schriftlichen Prüfungen habe ich mir einen strengen Plan gemacht, wir haben in der Gruppe vereinbart, dass wir zwei Wochen vor den Prüfungen individuell lernen, nicht mehr gemeinsam. Bei einer Deutschklausur, die wir, um die Prüfungssituation nachzustellen, gemeinsam schrieben, war ich nicht da. Die musste ich dann alleine zu Hause nachschreiben. Mein Vater kam ständig in mein Zimmer, fragte: ‚Willst du Tee?' und so weiter. Aber ich bin hart geblieben und habe mir gesagt: Ich lasse mich nicht ablenken! Deutsch war eh nicht so mein Lieblingsfach. Aber ich habe sie trotzdem durchgezogen, diese fünfeinhalb Stunden, und saß in meinem Zimmer, obwohl mich dort alles abgelenkt hat. Das war so ein richtiges Erfolgserlebnis, das hat dann für den Rest des Jahres gereicht. Da wusste ich, ich kann diszipliniert sein, wenn ich nur will!" Sie lachte in der Erinnerung daran.

Aber auch die „Perfektionisten" haben mit Problemen zu kämpfen. Sie zeichnen sich durch große Arbeitseffizienz, Ausdauer, Disziplin, Zuverlässigkeit, Strukturierung, aber teilweise auch durch Prüfungsangst aus. Pausen sind bei ihnen kaum erlaubt. Von der Gruppe brauchen sie ganz andere Unterstützung als die „Faulen", nämlich die Bestätigung und Versicherung, dass sie genug lernen. In unserer Gruppe forderten wir sie immer wieder zu Pausen auf und ermutigten sie dazu, diese einzulegen, denn auch Pausen sind im Lernprozess sehr wichtig. Hans-Peter, unser Politiklehrer, der auch ab und zu Supervisions- und Lernmethodengespräche mit uns geführt hat, bringt das auf die Formel: Lernzeit = Arbeitszeit + Pausen.

Eine Überforderung der eigenen Kräfte ist nicht nachhaltig und führt früher oder später dazu, dass sich der Körper seine benötigte Ruhezeit durch Krankheit holt. Wenn man Glück hat, passiert das nach den Prüfungen. Bei Ayla war es jedoch noch in der Zeit vor den Prüfungen der Fall, sie war einige Wochen lang völlig ausgeschaltet. Außerdem sind Pausen wichtig, damit sich das Gelernte, Verstandene setzen kann und nicht gleich wieder durch das „Kurzzeitgedächtnissieb" fällt.

Weder zu große Faulheit noch übertriebene Disziplin sind gut und auf Dauer durchzuhalten und erfolgreich. Mit einem Zusammenspiel der beschriebenen Techniken versuchen die Schüler bei „methodos", sich dem Zustand der Selbstmotivation und Selbstdisziplinierung in richtiger Kombination mit Pausen zu nähern. Dabei haben immer sie die Zeitplanung in der Hand, Methodik und Lerntempo werden ihnen nicht vorgeschrieben. Sie bitten die Lehrer zwar um Rat, aber den Überblick und damit die Verantwortung behalten sie selbst in der Hand. Erfolge, für die sie selbst verantwortlich sind, wiegen schwerer als jeder Erfolg, der durch eine von oben verordnete Vorgehensweise erreicht wurde. Diese Eigenverantwortung ist daher ihre größte Motivation.

Der Lehrplan:
Auch bei „methodos" gibt es Kompromisse

Für die Schüler bei „methodos" gilt der gleiche Lehrplan wie für jeden anderen Schüler eines allgemeinbildenden Gymnasiums in Baden-Württemberg. Diese sehr detaillierten inhaltlichen Vorgaben, kombiniert mit einer genauen Stundenzuschreibung für jedes Themengebiet, ergeben eine Struktur, die man als Schüler oft als einengend empfunden hat. An dieser ist jedoch kaum zu rütteln. Die Interessen der Schüler decken sich nicht immer, eigentlich sogar eher selten mit den thematischen Vorgaben und den festgeschriebenen Schwerpunktsetzungen. Besser gesagt: Ihr Interesse ist durch die Oberflächlichkeit, mit der die Themen in der kurzen Zeit behandelt werden sollen, nicht gestillt, denn oft interessieren sie die abiturrelevanten Themen tatsächlich – das wird durch die Herangehensweise, die in den vorherigen Kapiteln beschrieben wurde, gefördert –, aber dann wollen sie sie auch wirklich verstehen und gedanklich durchdringen. Doch dazu fehlt oft die Zeit, und sie haben hier, wie Lenya sagt, „die Einschränkung gemacht". Das heißt: Wer das Abitur machen will, hat sich damit abgefunden, dass die Inhalte seines Lernens vorgegeben sind. Natürlich wird auch der Sinn des Abiturs oft angezweifelt, aber das ist ein anderes Thema. Das sind die Punkte, an denen Druck und Selbstüberwindung im Lernprozess notwendig werden.

Zu den Prüfungen als Zeitdruckfaktor gibt es unterschiedliche Meinungen. Lena, aber auch andere sehen das Abitur als notwendigen Faktor, vielleicht sogar als Voraussetzung für das ganze Projekt, weil es das gemeinsame Ziel der Gruppe ist. Das Abitur ist der Grund, warum sich eine Gruppe überhaupt zusammenschließt. Jan ist davon überzeugt, dass ohne den Druck des Abiturs bei „methodos" kaum gelernt würde. Er denkt, dass durch das, was gelernt werden muss, erst die Basis entsteht, auf der tiefer gehende Gespräche und wirkliches Verständnis möglich werden, die dann wiederum erst das Interesse am Thema wecken können. Andere meinen, dass durch den Abiturstress viele Ideale und Ideen auf der Strecke bleiben, das Experimentierprinzip in Vergessenheit gerät, die Gruppe auseinanderfällt und jeder für sich kämpft, dass also die Prüfungen negative Auswirkungen auf „methodos" haben. Diese beiden Positionen zeigen ganz unterschiedliche Standpunkte, die sich aber nicht widersprechen und in denen jeweils ein Stück Wahrheit steckt.

Ob nun Druck notwendig ist oder nicht, fest steht: Alle *wollen* ja auch lernen. Und das nicht nur im begrenzten Rahmen des Abiturrelevanten. Die oben erwähnte Taktik, sich den Zugang zu einem Fach über ein Themengebiet zu verschaffen, das einen interessiert, setzt voraus, dass man sich auch mit abiturirrelevanten Themen beschäftigt. Und die Zeit dafür nehmen sich die Schüler. Sie stellen sich bewusst dem Konflikt, in der knappen Zeit einerseits den eigenen Interessen nachzugehen und andererseits die Dinge zu erlernen, die im Abitur abgefragt werden. Die Lösung ist die richtige Kombination der beiden Pole – was auch erst dazu führt, dass beides Freude macht –, welche sehr individuell ist und von jedem selbst gefunden werden muss. Die einen büffeln Monate vor dem Abitur systematisch den gesamten Lehrplan durch, andere konzentrieren sich bis zuletzt auf die Themengebiete, die sie interessieren, und die meisten bewegen sich zwischen diesen beiden Extremen.

Um der Zeitknappheit entgegenzuwirken, mit der vor allem die Gründergruppe zu kämpfen hatte, beschlossen ihre Nachfolger, die Vorbereitungszeit auf das Abitur auf zwei Jahre zu verlängern. Die zugrunde liegende Hoffnung war, größere inhaltliche Freiheit zu erlangen. Seitdem steht es jedem, der zu „methodos" kommt, frei, ob er sich für ein oder zwei Jahre Vorbereitungszeit entscheidet. Ich habe mich für zwei Jahre entschieden, auch, weil ich schon Ende der elften Klasse meine alte Schule verlassen hatte. Rückblickend kann ich sagen, dass die größere inhaltliche Freiheit zwar gegeben war, aber nicht wirklich genutzt wurde. Stattdessen verbrachte ich viel Zeit damit, Methoden auszuprobieren und mich in meiner neu erlangten Freiheit zurechtzufinden. Denn Selbstständigkeit und Eigenverantwortung wollen gelernt sein. Mein erstes „methodos"-Jahr war deshalb inhaltlich unglaublich ineffektiv, aber persönlich und in der Frage nach dem „Wie" sehr lehrreich. Nur das Lernen nach Interesse musste ich größtenteils auf nach dem Abitur verschieben. Allerdings habe ich dafür viel Handwerkszeug aus meiner „methodos"-Zeit mitgenommen.

Lernwege:
Lieber allein oder mit mehreren unterwegs sein?

Ein zentrales Thema bei der Frage und Suche nach guten Lernmethoden, das auch schon einige Male angeklungen ist, ist der Konflikt zwischen individuellem Lernen und gemeinsamem Lernen in der Gruppe.

So vielfältig die Lerntypen unter den Menschen sind, so vielfältig müssen auch die Lernwege sein. Jeder Mensch denkt anders, versteht anders und lernt anders. Damit Lernen Freude macht und dadurch effektiv und nachhaltig wird, muss jeder Mensch es auf seine individuelle Art und auch in seinem eigenen Tempo tun können. Das herkömmliche Schulsystem ist in dieser Hinsicht völlig veraltet: Der Versuch, alle Menschen in eine starre Lernstruktur zu pressen, missachtet die Individualität der Schüler, versucht, sie gleichzumachen, und misst sie nach einem einzigen Maßstab. Max kritisiert diese Gleichmachung der Schüler: „Das bestehende Schulsystem ist im Industriezeitalter stecken geblieben. Alle müssen zur selben Zeit dasselbe tun, alle müssen schön brav stillsitzen. Das, was man in der Schule hauptsächlich lernt, ist stillzusitzen und so zu tun, als würde man zuhören. Das ist meine große Kritik am Schulsystem. Ich habe immer noch das Bild von Fließbandarbeit vor Augen, wenn ich die Schule anschaue. Fragend erarbeitender Unterricht, wobei 80 Prozent der Redezeit von der Lehrperson bestritten wird.

Man müsste das Wort Schule einmal austauschen, denn es geht nicht mehr um Schule, sondern ums Lernen. Der Analphabet der Zukunft ist nicht der, der nicht lesen und schreiben kann, sondern der, der nicht lernen kann. Wo das Lernen genau stattfindet, ist zweitrangig, es kann überall stattfinden. Wichtig ist, dass man Freude hat an dem, was man tut, und dass man dem Lernen eine hohe Priorität einräumt. Lernen muss nicht unbedingt in einer Schule oder Institution stattfinden, das funktioniert manchmal auch viel besser, wenn es an ganz anderen Orten stattfindet, in ganz unterschiedlichen Kontexten und unterschiedlichen Zusammensetzungen. Diese vielfältigen Möglichkeiten, wie Lernen möglich wird, das ist meine Vorstellung, wie Bildung in Zukunft aussehen kann."

Aus einer Schule kommend, in der die Frage nach der richtigen Lernmethode nicht gestellt wurde, schon gar nicht dem Einzelnen, müssen sich die Schüler bei „methodos" erst auf die Suche nach ihrem Lerntyp machen. Sie müssen das Lernen erst lernen. Das ist auch ein Stück weit eine Suche nach den eigenen Bedürfnissen und Wünschen, den Vorstellungen und Werten und nach sich selbst. Das Entdecken dieser eigenen Beschaffenheit macht es erst möglich, dass man seiner Eigenart entsprechende Lernmethoden finden kann. Das ist das Ziel bei „methodos". Doch diesen Prozess, der bei den meisten Schülern erst mit dem Wechsel zu „methodos" oder kurz zuvor beginnt, wird bei keinem oder nur sehr wenigen bis zum Ende der „methodos"-Zeit abgeschlossen sein. Vielleicht ist hier aber auch der Weg das Ziel, das heißt, dass dieser Prozess an sich wertvoll ist und das ganze Leben dauern wird.

Neben dem Bestreben, jedem den Raum zu geben, den er zum Entfalten seiner Persönlichkeit und zum Finden seines eigenen Lernwegs braucht, legt man bei „methodos" viel Wert auf die Gruppe. Die Gruppenarbeit und das individuelle Lernen sind Gegensätze, die sich jedoch gegenseitig bedingen, denn die persönliche Bildung wird erst im Austausch, in der Kommunikation und der Auseinandersetzung mit anderen vollständig möglich. Der Mensch ist schließlich ein soziales Wesen, wie schon Aristoteles feststellte und worauf seine ganze Philosophie gründete. Andererseits schränkt die Gruppe den

Einzelnen auch ein, sie stellt Erwartungen an ihn und verpflichtet. Das wiederum ist ein weiterer wichtiger Aspekt, denn im Umgang damit erlernt man Teamkompetenz. Das Lernen in der Gruppe ist vielfältiger, lebendiger und bereichernder, als sich alleine Lerninhalte anzueignen. Man hilft sich gegenseitig, auf neue Gedanken zu kommen, stößt Denkprozesse an und kann völlig neue Lösungen finden. Weil man sich während Diskussionen und Gesprächen über bestimmte Themen selbst erklären muss, lernt man dabei viel, intensiv und gut.

Dieter fragt in seinem Text: „Der Weg bei ‚methodos' ist sicherlich kein bequemer, im Gegenteil: Er ist steiniger und anstrengender als der an öffentlichen oder auch an privaten Schulen. Das Entscheidende ist aber: Es ist der eigene Weg! Das ist allerdings auch das Hauptproblem: Wenn jeder seinen eigenen Weg geht – wie kann das in einer Gruppe funktionieren?" Dieser Konflikt ist immer nur in diesem Moment lösbar, je nach den Bedürfnissen der Schüler.

Die Prüfungen, ein Marathon: Wer ankommt, gewinnt, und das Wichtigste ist der Teamgeist

Am Ende der „methodos"-Zeit stehen für die Schüler die Abiturprüfungen. Sie sind das große gemeinsame Ziel, auf das lange hingearbeitet wird. Die Aufregung steigt mit jedem Tag, den das Abitur näher rückt. An der Tafel wird immer groß der Countdown der noch verbleibenden Tage bis zum Abitur angeschrieben.

Die schriftlichen Abiturprüfungen für „methodos"-Schüler sind die gleichen wie die jedes Gymnasiasten. Der Unterschied ist nur, dass wir keine Einreichungsnoten haben, das heißt: Gymnasiasten haben sich über ihre zwei Oberstufenjahre hinweg ein „Polster" an Noten erarbeitet, welches zwei Drittel der letztendlichen Abiturnote ausmacht. Die Abiturprüfungen zählen daher nur noch ein Drittel. Dieses „Notenpolster" haben die Schüler bei „methodos" nicht, deshalb hängt bei ihnen alles an den Prüfungen. Außerdem kennen sie ihre Prüfer bzw. die Erstkorrektoren nicht wirklich, sondern nur aus einem kurzen Informationsgespräch. Diese Umstände erschweren eine Selbsteinschätzung, das Risiko ist größer und die Aufregung am größten.

Die letzten Wochen vor dem Abitur gilt der Ausnahmezustand: Dinge wie die Organisationsarbeit werden auf das Minimum heruntergefahren, und es wird nur noch gelernt. Die Schüler haben kaum noch Lehrerstunden, es geht hauptsächlich ums Wiederholen. Wenn der Lehrer doch da ist, werden konkrete Fragen geklärt. Oft verbringen die Schüler den ganzen Tag bis spät abends in der Uni-Bibliothek, wo man sehr gut lernen kann.

Für unsere Gruppe war diese Phase eine intensive Lernzeit, in der wir auch als Abiturientengruppe stark zusammenwuchsen. Und diese ruhige, gedämpfte Stimmung in der großen Bibliothekshalle, die von Büchern überquellenden Tische, die kleinen Tischlampen, die nach und nach angeknipst wurden, wenn es draußen dunkel wurde, werde ich bestimmt nie vergessen. Es hatte etwas Heimeliges, dort zu sitzen und gemeinsam zu pauken. Wenn die Holzstühle zu unbequem wurden, legten wir uns eben auf den Teppichboden. Die Schokoladenberge, die wir dort verspeisten, mussten alle heimlich in Mäppchen, zwischen Heften oder in Hosentaschen hereingeschmuggelt werden, denn eigentlich ist das Essen dort verboten. Aber wer kann schon ohne Schokolade lernen? Die wenigen Gruppenarbeiten, die noch stattfanden, waren sehr erfolgreich, denn wir bewegten uns jetzt alle auf einem recht hohen Wissensniveau. Doch am letzten Tag vor der ersten Prüfung arbeiteten wir kaum noch etwas, das hatten wir uns fest vorgenommen. Besser, wir gehen ausgeruht in die Prüfungen als gestresst mit zwei Fakten mehr im Kopf, dachten wir uns.

Ich bereitete mir ganze Berge an Verpflegung vor: Obstsalat, ganz viel Schokolade, Studentenfutter, mit Käse überbackene Brötchen und, und, und. Um fünf Uhr musste ich dann auch schon wieder aufstehen, denn zu dem uns zugeteilten Gymnasium hatte ich gut zwei Stunden Anfahrt vor mir. In Freiburg kamen dann Jaska und Florian dazu. Wir gingen noch ein letztes Mal die Deutschlektüren durch und machten uns gegenseitig Mut. Der Zusammenhalt und das Gruppengefühl waren sehr ausgeprägt, und das war schön. Wir gingen gemeinsam in diese Prüfungen, als Gruppe, und zerfielen nicht in Konkurrenten, die gegeneinander arbeiten.

Als wir am uns zugeteilten Gymnasium ankamen, wurden wir erst einmal in die Formalitäten eingewiesen: Wir mussten unsere Personalausweise zeigen. Dann wurde uns erklärt, dass das Konzept auf grünes, die Reinschrift auf weißes Papier geschrieben wird. Es durfte nicht über den gekennzeichneten Rand hinaus geschrieben werden, jeder Bogen musste nummeriert werden, und oben auf dem perforierten Rand durfte nichts als der Name stehen.

Dann gingen wir noch die Prüfungsunterlagen gemeinsam auf ihre Vollständigkeit hin durch. Und um acht Uhr konnten wir endlich anfangen. An die folgenden fünfeinhalb Stunden Prüfung konnte ich mich schon gleich im Anschluss kaum noch erinnern. Ich habe einfach die ganze Zeit durchgeschrieben, wusste aber danach kaum noch, was. Ich hatte auch keine Zeit, irgendetwas zu essen, noch mir am Ende das Geschriebene noch einmal durchzulesen, denn ich wurde gerade so fertig. Florian und Jaska ging es ganz ähnlich. Aber wir alle hatten bei dieser Prüfung ein gutes Gefühl. Und als wir dann erst einmal aus der Prüfung heraus waren, waren die Erleichterung und Befreiung riesengroß. Sich dann noch auf die nächste Prüfung vorzubereiten war gar nicht so leicht. Die drei anderen Klausuren liefen ganz ähnlich: Die Fragestellungen kamen uns meist sehr entgegen, aber wir hatten mit großen Zeitproblemen zu kämpfen und konnten uns im Nachhinein kaum noch erinnern, was wir geschrieben hatten.

Nach den schriftlichen Prüfungen ist bei den „methodos"-Schülern aber noch lange nicht an Ausruhen zu denken, denn jetzt beginnt erst die Vorbereitung auf die acht mündlichen Prüfungen. Wie oben schon erwähnt, haben sie keine Einreichungsnoten. Deshalb werden sie in den vier schriftlichen Fächern noch einmal mündlich geprüft und dann zusätzlich in vier weiteren Fächern. Da kommt in den verbleibenden acht Wochen noch einiges neu an Lernstoff hinzu. Die Schüler profitieren in dieser Zeit vor allem von ihren Erfahrungen, wie sie am besten lernen können, aber auch vom Pauken vor dem Schriftlichen, denn in der knappen Zeit müssen sie sehr effizient arbeiten.

Und tatsächlich war das auch in meiner Gruppe so. Viele Stunden verbrachten wir wieder in der Uni-Bibliothek, lernten dann aber auch wieder mehr mit den Lehrern und in der Gruppe. Das Ganze ist sehr stressig, und im Nachhinein wundert man sich, wie man so lange durchhalten konnte. Der Marathon von mündlichen Prüfungen ist dann der Höhepunkt: Innerhalb von zwei Tagen wird jeder einzeln in vier Fächern geprüft, eine Woche später dasselbe in vier weiteren Fächern. Doch trotz des großen Stresses blieb uns diese Zeit positiv in Erinnerung, denn das Gruppengefühl, das bei den schriftlichen Prüfungen schon ausgeprägt war, verstärkte sich hier noch weiter. Gemeinsam fuhren wir morgens zu den Prüfungen, obwohl manche erst einen viel späteren Prüfungstermin hatten. Da wir nach Anfangsbuchstaben des Nachnamens eingeteilt waren, war ich immer als Erste dran und froh über die Unterstützung seitens der anderen, die sie mir schon durch ihre Anwesenheit gaben. Als ich in den Vorbereitungsraum geholt wurde, um meine Matheprüfung in Angriff zu nehmen, saßen die anderen beiden im Aufenthaltsraum für die externen Abiturienten und drückten mir die Daumen. Als ich in angespannter Erwartung, meine Note zu erfahren, aus der Prüfung kam, wartete Florian vor dem Prüfungszimmer.

Auch Jon aus der ersten „methodos"-Gruppe erinnert sich gerne an diese Zeit: „Auch die Prüfungen, vor allem die mündlichen, fand ich irgendwie schön. Wir Methodosler saßen da im Gymnasium zusammen und haben immer mit den Einzelnen mitgefiebert und uns für jeden gefreut. Wir haben quasi miteinander diese Prüfung gemacht."

Dieser starke Zusammenhalt in der Extremsituation der Prüfungen ist ein wunderschönes Erlebnis und nicht selbstverständlich. Es ist gewissermaßen auch eine Prüfung der Gruppe, ob sie es in der gemeinsamen Zeit geschafft hat, wirklich zusammenzuwachsen und eine gute Gemeinschaft zu bilden. Die Bestätigung in dieser Situation, dass wir das geschafft hatten und nicht zu Konkurrenten auseinandergefallen waren, bescheinigte uns mehr Reife und Erfolg als eine bestandene Abiturprüfung. Wir merkten hier sehr intensiv, wie viel einem die Gruppe geben konnte, und wurden für alle Streitigkeiten und Ärgernisse, die uns die Gruppe beschert hatte, entschädigt.

Aber auch die mündlichen Prüfungen an sich haben mir größtenteils Spaß gemacht. Es war ein bisschen wie Achterbahnfahren: die große Aufregung und das mulmige Gefühl davor, dann, wenn man in den Vorbereitungsraum geholt wird, der Adrenalinkick, hoch konzentriert und unter großer Anspannung eine gute Präsentation vorbereiten, dann vortragen. Diese zwanzig Prüfungsminuten gingen jedes Mal unglaublich schnell vorbei. Anschließend wurde ich rausgeschickt und erwartete gespannt, auf welche Note sich die drei Prüfer einigen würden. Und dann der Jubel: In keinem Fach wurde ich enttäuscht, im Gegenteil, meine Erwartungen wurden meist weit übertroffen. Geschichte war mit eine meiner besten Prüfungen. Zwanzig Minuten lang führte ich ein Gespräch mit meinen Prüfern über einen Text, den ich zur Vorbereitung bekommen hatte und in dem es um politische Morde ging. Als ich einmal nicht wusste, um welche Person es sich in dem Text handelte, halfen mir die Prüfer weiter und meinten dazu: „Man darf ja auch in der Prüfung noch etwas lernen!" Es war ein sehr interessantes Gespräch, und als ich dachte, jetzt fangen sie an, mich auszufragen, war die Prüfung schon vorbei. Das Ergebnis: vierzehn Punkte. Ich fing irgendwann sogar an, es zu genießen. Doch ich hatte auch viel Glück, und davon hängt einiges ab in der schulfremden Prüfung.

Natürlich gab es auch herbe Enttäuschungen und einen heftigen Rückschlag, als Florian in seiner Spanischprüfung null Punkte bekam. Es war uns absolut unverständlich, wie das passieren konnte, und auch unsere Lehrer sagten uns, dass sie in solchen Prüfungen nur für Nichterscheinen null Punkte gaben. Florian fiel wegen dieser einen unverständlichen Entscheidung seiner Spanischprüfer durch das Abitur. Das traf uns alle wie ein Schlag in den Magen. Es war eine der letzten Prüfungen gewesen. All die Anspannung, die wir die ganze Zeit über aufrechterhalten hatten, fiel in sich zusammen. Mein Magen fühlte sich irgendwie wollig an. Und trotzdem mussten Jaska und ich uns aufraffen und weitermachen. Aber unsere Freude über unsere eigenen Ergebnisse wurde dadurch sehr gedämpft.

Zwar ist der Notendurchschnitt der „methodos"-Abiturienten ungefähr der gleiche wie der von anderen Gymnasiasten. Dennoch wurde uns bei Florians Geschichte wieder sehr schmerzhaft deutlich, dass die Noten in so einer schulfremden Prüfung keine wirkliche Rückmeldung auf das eigene Wissen sind. Genauso wenig ist das Abitur eine Reifeprüfung. „Es prüft Stressresistenz ab, also wie schnell man sich etwas merken und es dann wieder vergessen kann", sagt Lenya. „Aber es prüft keine Reife ab. Andere denkbare Möglichkeiten wären der Portfolioansatz oder eine Abschlussarbeit, wie es an der Uni gemacht wird. Das wäre sehr viel sinnvoller, dann würde das ‚methodos'-Projekt auch ganz anders aussehen. Dann wäre es viel schöner und gewinnbringender für alle, wenn diese Abiturprüfungen nicht wären."

Doch trotz aller Kritik und Zweifel an der Sinnhaftigkeit des Abiturs bin ich im Nachhinein froh, die Prüfungen abgelegt zu haben. Es war für mich eine bereichernde Erfahrung, in der ich mich selbst auch ein gutes Stück besser kennengelernt habe. Solche Stresssituationen kannte ich bis dahin nicht. Klausuren und Klassenarbeiten hatte ich bisher nur zur eigenen Wissensüberprüfung geschrieben – an der Waldorfschule wie auch bei „methodos" –, aber nie, um mich zu „beweisen". Ein weiterer Aspekt, weshalb ich froh bin, das Abitur gemacht zu haben: Diese Prüfung ist für mich so etwas wie ein ritueller Abschluss meiner 13-jährigen Schulzeit gewesen. Diese kann ich jetzt hinter mir lassen und dann etwas Neues beginnen.

Lehrer

Die Schüler als Arbeitgeber

Die Schüler sind bei „methodos" die Chefs und Arbeitgeber ihrer Lehrer. Sie stellen die Lehrer an und entlassen sie gegebenenfalls auch wieder. „Wow", wird hier so mancher frustrierter Schüler mit leuchtenden Augen denken, „das will ich auch!" Es ist an einer von Schülern ins Leben gerufenen Schule auch gar nicht denkbar, dass die Schüler eine so wichtige Entscheidung, mit welchen Lehrern sie zusammenarbeiten und von wem sie unterrichtet werden wollen, abgeben oder delegieren. Diese Entscheidung treffen sie selbst. Das ist ein ganz wichtiger Aspekt bei „methodos", der den Charakter des Projektes entscheidend prägt.

Bevor ich darauf jedoch näher eingehe, möchte ich einen Schritt zurückgehen und die Frage beantworten, die uns in diesem Zusammenhang oft gestellt wird: „Warum habt ihr überhaupt Lehrer?"

Das hat zum einen den ganz praktischen Grund, dass ein entscheidender Anstoß für die Gründung von „methodos" zwei Lehrer waren, mit denen die Schüler gut lernen konnten und mit denen sie weiter zusammenarbeiten wollten. Diese wurden aber aus ihren Jobs entlassen, weil der Rest des Lehrerkollegiums mit den neuen Ansätzen, die diese beiden Lehrer an die Schule brachten, nicht einverstanden war. Die Geschichte ist im ersten Kapitel dieses Buches ausführlich erzählt. Diese beiden Lehrer waren sozusagen das Zentrum des Konfliktes der Schüler mit ihrer Schule, welcher dann „methodos" hervorbrachte. Es war klar, dass die Schülergruppe mit genau diesen Lehrern weiter arbeiten wollte. Außerdem waren einige Lehrer aktiv an der Gründung von „methodos" beteiligt, es war von Anfang an ein Gemeinschaftsprojekt von Schülern, Lehrern und Eltern. Daher stand gar nicht zur Debatte, ob die Lehrer nun Teil des Projektes bleiben würden oder nicht.

Man kann die oben gestellte Frage aber auch anders beantworten: Wir *wollen* mit Lehrern zusammenarbeiten. Denn: „Wie sollen Lernprozesse funktionieren ohne Lehrer? Wo lernt man in dieser Welt ohne Lehrer? Sicher kann man sich über irgendeinen Bereich schlaumachen, aber das hat für mich nichts mit Persönlichkeitsentwicklung zu tun. Da muss man einfach differenzieren. Natürlich kann ich mich über etwas informieren, natürlich kann ich mir irgendwo etwas anlesen. Aber selbst da wäre ich besser beraten, das mit jemandem zusammen zu tun, der es schon tausendmal gemacht hat. Ich finde, da gibt es gar nichts dran zu zweifeln. Und wenn ich mir so meine Schullaufbahn anschaue, auch meine Zeit bei ‚methodos', kann man nichts daran ändern, dass es wesentlich am Lehrer liegt, ob mir ein Fach schmackhaft gemacht wird oder nicht. Und es liegt gar nicht unbedingt daran, ob der gut oder schlecht ist, sondern es muss passen", sagt Lena. Deshalb haben wir Lehrer. Und deshalb suchen wir unsere Lehrer selbst aus.

Die Suche nach Lehrern läuft, wie oben schon erwähnt, hauptsächlich über private Kontakte. Ein ganz entscheidendes Kriterium für die „methodos"-Schüler ist, dass der Lehrer ein eigenes Interesse, einen persönlichen ideellen Ansporn hat, zu „methodos" zu kommen. Er sollte nicht nur wegen des Geldes kommen, das er hier zusätzlich verdienen kann. Außerdem sollte er Abiturerfahrung haben, um uns die benötigte Hilfestellung geben zu können. Und nicht zuletzt muss, wie Lena auch betonte, das persönliche Verhältnis zwischen den Schülern und dem Lehrer stimmen. Im Gegenzug bieten wir dem Lehrer ein Experimentierfeld, auf dem er selbst auch lernen kann (und soll), und sehr gute Unterrichtsvoraussetzungen: interessierte Schüler, die lernen wollen und selbstständig sind.

Interessiert sich ein Lehrer dann für eine Stelle bei „methodos", wird er zu einem Vorstellungsgespräch eingeladen. Diese Situation war anfangs für mich sehr befremdlich, aber auch lustig. Die vier, die schon seit einem Jahr bei „methodos" waren, als ich dazustieß, waren „alte Hasen", was Vorstellungsgespräche anging, und übernahmen ganz selbstverständlich die Führung. Vor allem Bernhard, der sich sehr für Psychologie interessierte und in seiner Freizeit dicke Bücher zum Thema wälzte, gab hier den Ton an. Er redete sowieso gerne und konnte diese etwas verdrehte Situation gut steuern. Bevor die interessierte Lehrerin eintraf, sagte er uns, wie wir um den Tisch zu sitzen hätten: Die Lehrerin solle nicht am Tischende, das der Tür gegenüberlag, sitzen, denn das sei die Chef-Position. Und sie solle natürlich nicht gleich in diese Rolle versetzt werden, die sie ja von der Schule gewöhnt sei. Der Rollenwechsel, um nicht zu sagen die Rollenumkehrung, sollte schon hier deutlich gemacht werden. Das Gespräch mit ihr war dann eher freundschaftlich und verlief auf Augenhöhe. Wir erzählten ein bisschen von uns, warum wir bei „methodos" sind und was es für uns bedeutet, und ließen sie viel von sich erzählen: wo sie außerdem unterrichtete, warum sie Interesse an „methodos" hatte, wie sie sich vorstellen könnte, dass wir gemeinsam den Unterricht gestalten und vieles mehr.

Als sie gegangen war, besprachen wir in der Gruppe das Gespräch mit ihr. Da wir zu dem Schluss kamen, dass wir uns die Zusammenarbeit mit ihr vorstellen könnten, luden wir sie anschließend zu ein paar Probestunden ein. Denn ob „die Chemie stimmt" zwischen den Schülern und dem Lehrer und ob eine produktive Zusammenarbeit möglich ist, erkennt man oft erst nach einiger gemeinsam verbrachter Zeit.

Wenn auch diese Probestunden erfolgreich und für beide Seiten befriedigend waren, wird der Lehrer bei „methodos" eingestellt. Das geschieht ganz einfach durch eine Zusage, dass die Schüler mit ihm zusammenarbeiten wollen. Da der Lehrer auf Übungsleiterbasis bei „methodos" angestellt ist, braucht er (im Normalfall) keinen Arbeitsvertrag. Es ist also keine Unterschrift oder Ähnliches nötig, um die Zusammenarbeit zu besiegeln.

Die Suche nach Lehrern ist nie ein großes Problem, es lässt sich immer sehr schnell jemand finden, der Interesse am Projekt hat und gut zu den Schülern passt. In der ersten Gruppe waren drei Lehrer von Anfang an, das heißt schon bei der Gründung, dabei. Sie deckten den Bedarf in vier Fächern ab. Deshalb mussten die Gründer nur noch vier weitere Lehrer finden. Die folgenden Jahrgänge konnten meist einige Lehrer ihrer jeweiligen Vorgängergruppe übernehmen, sodass immer nur vereinzelt neue eingestellt werden mussten.

Viele der bei „methodos" angestellten Lehrer sind im Ruhestand, aber nach wie vor von Pädagogik begeistert und bereit, sich auf Neues einzulassen. Es gibt zwar auch den ein oder anderen, der noch im Dienst ist, aber für ihn ist „methodos" dann eine zusätzliche Belastung, selbst wenn er nur zwei bis höchstens vier Stunden pro Woche zu uns kommt. Rentner haben da mehr Möglichkeiten und können sich intensiver auf das Projekt einlassen.

Wenn die Zusammenarbeit nicht gut läuft und auch Änderungsversuche und gemeinsame Evaluationsgespräche keine Verbesserung bringen oder wenn eine Gruppe einfach nicht mit dem Lehrer, den sie aus dem Vorjahr übernommen hat, klarkommt (was beides selten der Fall ist), können die Schüler den Lehrer entlassen. Vielleicht ist das der größte Schülertraum auf Erden. Aber wenn dieser Traum Wirklichkeit wird und man einem Lehrer gegenübersitzt, dem man jetzt ins Gesicht sagen muss, dass die Zusammenarbeit beendet ist, kommt man schnell in die Versuchung, sich davor zu drücken. Eigentlich ist es eine scheußliche Situation, in der man als Schüler dann steckt. Und letztendlich bleibt es immer an den gleichen hängen, eine solche Nachricht zu überbringen. Zwei Jahre lang war Bernhard derjenige, der diese Aufgabe übernehmen musste, weil es niemand anderes machen wollte. Wir saßen dann zwar alle um den Tisch, aber geredet hat nur er.

„Ich war immer derjenige, der die Lehrer entlassen hat, weil sich alle darum drücken wollten. Entlassen war ja ganz am Anfang noch gar nicht das Thema, sondern eher, einem Lehrer den Job nicht zu geben. Wir hatten zunächst über ein Kleinanzeigenblatt gesucht, was sich als Fehler herausstellte, weil auf diese Anzeige einfach nicht die richtigen Leute kamen. Es sind meistens die gekommen, die das als Nebenjob gebraucht haben, sprich, des Geldes wegen. Und da hat der Idealismus gefehlt oder das Wissen oder die Abiturerfahrung. Und da war dann natürlich auch die Frage, wer sagt ihnen jetzt, dass das mit der Zusammenarbeit nichts wird? Das war schon nicht einfach. Beim Politiklehrer hat es dann mit dem Richtig-Entlassen angefangen. Den hatten wir eingestellt, weil er das mitgebracht hatte, was wir brauchten, und im Vorstellungsgespräch hat es auch gepasst. Am Anfang lief es ganz gut mit ihm, aber irgendwann kam er dann ständig zu spät, erzählte zu viel von seinem Privatleben und ist dann im Unterricht in so ein Schema verfallen, dass wir Zeitungsartikel genommen und die durchgearbeitet haben. Zudem haben wir öfter gesagt, wir wollen es so und so machen und das und das, aber darauf ist er nicht eingegangen. Letztendlich war es diese fehlende Flexibilität, die nach vier Wochen der Grund war, ihm zu kündigen. Das war nicht einfach, weil man den Leuten damit schon auch zu nahe tritt und sie dadurch indirekt beurteilt. Wie macht man das objektiv, ohne groß Gefühle mit hineinzubringen? Meistens ging es aber eigentlich ganz gut. Und von Mal zu Mal leichter. Man härtet da auch ab. Es ist zwar so eine Sache, aber ich hab es mir am Anfang viel schlimmer vorgestellt. Im Endeffekt sagt man ihnen einfach: ‚Sie sind dafür nicht geeignet.‘ Das sind alles erwachsene Leute, und wenn sie damit nicht zurechtkommen, sind sie selbst schuld. Es hat einfach nicht gepasst, und so habe ich es auch immer versucht zu formulieren. Denn bei diesem Projekt muss es passen. Und da sind Flexibilität und Offenheit sehr wichtig. Wenn man das nicht mitbringt und auch eine Weile lang nicht darauf reagiert, wenn es von den Schülern gefordert wird, ist es richtig, dass man die Zusammenarbeit beendet", sagte Bernhard. Natürlich ist das Ganze auch andersherum möglich und auch schon vorgekommen: dass Lehrer uns verlassen, weil ihre Erwartungen nicht erfüllt wurden.

Trotz der Schwierigkeiten, die uns diese Entlassungssituationen bereiteten, sind wir sehr froh über die Möglichkeit, unsere Lehrer selbst auszuwählen. Lena kritisierte jedoch im Nachhinein die Umstände, unter denen das geschah, sehr scharf: „Ich könnte viel besser damit leben, wenn die Rechte von Schülern und Lehrern gleich wären. Und wenn die Grundlage des Schüler-Lehrer-Verhältnisses nicht ein total asymmetrisches, auch wirklich vorkapitalistisches Anstellungsverhältnis wäre, ohne Kündigungsschutz. Es ist eigentlich ziemlich krass, wenn man sich das so überlegt. Ich glaube, man muss als Lehrer ein sehr ausgeprägtes Selbstbewusstsein haben, um sich auf so etwas einzulassen. Und auch ausgeprägtes Vertrauen, denn rein rechtlich gesehen ist das eine ziemlich schwierige Sache. Wenn das wegfiele und man es mehr als Gemeinschaftsprojekt aufziehen könnte, das wäre schon gut." Sie hinterfragt heute auch ganz grundlegend das Prinzip, dass Schüler ihre Lehrer selbst aussuchen: „Wenn ich jetzt über das Projekt nachdenke, stelle ich fest: Die Lehrer sind mindestens so wichtig wie die Schüler, nur dass das Verhältnis total asymmetrisch ist. Und zwar in dem Sinn, dass die Schüler hierarchisch über den Lehrern stehen. Das finde ich sehr problematisch, weil man so kein Vertrauensverhältnis aufbauen kann. Und die ganzen Probleme, die daraus erwachsen, ob ein Schüler überhaupt weiß, welcher Lehrer gut für ihn ist – dahinter steht ein ganz großes Fragezeichen für mich."

Auf die Frage nach dem Schüler-Lehrer-Verhältnis möchte ich in den nächsten Abschnitten ausführlicher eingehen. Hier möchte ich Lenas Kritik abschließend noch einen Text von Dieter aus der Sicht eines Lehrers hinzufügen. Es ist ein Ausschnitt aus einem Artikel, in dem er der Frage nachgeht: „Was eigentlich ist ‚methodos'?": „‚methodos' ist keine *demokratische* Schule. In einer demokratischen Schule sind Lehrer und Schüler gleichberechtigt, und im Vordergrund steht die Art des Verfahrens, wie gemeinsame Ziele ausgewählt und festgelegt werden. Das ist so aber nicht der Fall bei ‚methodos'. Die Gemeinsamkeit und die Gleichberechtigung von Lehrern und Schülern existiert gar nicht, das Verhältnis ist umgedreht, salopp formuliert: Die Schüler entscheiden alles, die Lehrer nichts. Vor allem entscheiden die Schüler völlig selbstständig, welche Schüler aufgenommen werden oder auch nicht. Die Lehrer haben keine andere Funktion, als im Rahmen ihres Faches den Schülern möglichst optimale Unterstützung zuteilwerden zu lassen. Versagen sie darin, werden sie entlassen und durch andere ersetzt. Keine einfache Sache für wohlgesonnene und altgediente Pädagogen. Freilich wird auch diese Suppe meistens nicht so heiß gegessen, wie sie gekocht wird. Zwischen den Schülern und den von ihnen ausgesuchten beziehungsweise bestätigten Lehrern herrscht in der Regel ein so gutes Verhältnis, dass durchaus vieles auch gemeinsam besprochen und geregelt wird und somit hin und wieder demokratische Ansätze erkennbar sind."

Was ist ein guter Lehrer?

Lehrer haben eine sehr wichtige Aufgabe: Sie formen junge Menschen ganz entscheidend und mit ihnen in gewisser Weise auch die Zukunft der Gesellschaft. Ein guter Lehrer kann Interesse für sein Fach wecken oder den Schüler gar begeistern. Und nicht nur ein Fach, sondern die gesamte Schulzeit kann einem Schüler durch einen guten Lehrer „versüßt" werden. Er kann sogar das ganze Leben eines jungen Menschen prägen. Dasselbe gilt, mit umgekehrtem Vorzeichen, für schlechte Lehrer. Aber was macht einen guten Lehrer aus?

Lenya antwortete darauf: „Ein guter Lehrer hat nicht zu klare Vorstellungen, wie er unterrichten will, kann gut zuhören, hat Fachkenntnisse und kann sich zurücknehmen." Bernhard meinte: „Ein guter Lehrer ist einer, der auf die Schüler eingehen kann. Das heißt einer, der nicht sein eigenes Konzept durchzieht, sondern auch mitlernt. Er ist flexibel." Eva war der Ansicht: „Er sollte nicht nur erzählen, sondern muss auch auf die Schüler eingehen. Er muss es zulassen, dass die Schüler den Unterricht gestalten." Jon sagte: „Die Freude am Experimentieren ist das Wichtigste. Und er braucht Fachwissen und muss ein gutes Verhältnis zu den Schülern haben. Außerdem muss er kritikfähig sein und darf nicht zu sehr davon überzeugt sein, dass er genau weiß, wie es jetzt funktioniert. Er sollte trotzdem eine Art roten Faden vorgeben können." Jaska meinte: „Er muss nett sein, das Verhältnis muss stimmen. Wenn das Verhältnis nicht stimmt, kann er noch so viel wissen, ich werde nichts lernen. Er muss auch kompetent sein, also von seinem Fach etwas verstehen. Begeisterung ist auch wichtig, dass er den Funken überspringen lassen kann. Und er muss hinter ,methodos' stehen, am Projekt und an den Schülern interessiert sein." Diese Antworten beziehen sich speziell auf die „methodos"-Lehrer. Trotz ihrer Verschiedenheit zieht sich ein gewisser Grundton durch diese Aussagen: Darüber, dass Flexibilität wichtig ist und dass die Schüler ernst genommen werden sollten, sind sich alle einig.

Es gibt keine Schablone, die einen guten Lehrer definiert, und deshalb kann man auch auf die Frage, was man von einem guten Lehrer erwartet, keine klare Antwort geben. Es gibt lediglich einige Eigenschaften, die wichtig sind. Dazu gehört noch vor den oben genannten Authentizität. Uli, selbst Geschichtslehrer bei „methodos", sagt dazu: „Guter Unterricht kann nur funktionieren, wenn die Lehrer den richtigen Ton finden, die richtige Sprache, in der sie die Schüler ansprechen. Das ist ganz wichtig, glaube ich: die Sprache, die gesprochen wird. An der normalen Schule war mein Unterricht dann am besten, wenn ich die Schüler auch auf ihrer sprachlichen Ebene erreicht habe. Was nicht heißt, dass ich Jugendsprache hineinbringen muss, sondern dass ich eine Sprache spreche, die meine ist, die aber auf die Schüler authentisch wirkt und nicht wie: Das sagt der jetzt so, aber so würde er normalerweise nicht sprechen." Das gilt nicht nur für die Sprache, sondern für das ganze Verhalten des Lehrers. Wenn die Lehrer authentisch sind, sind sie sehr verschieden. Das spiegelt sich in den Unterrichten wieder: Keiner gleicht dem anderen. Überall bringt die Zusammenarbeit zwischen dem einzelnen Lehrer und der

Schülergruppe etwas völlig anderes hervor. Das lässt das Lernen bei „methodos" sehr vielfältig werden.

Hier ist auch die Einstellung des Lehrers ganz zentral: Er darf den Schülern nicht etwas eintrichtern wollen, sondern soll ihnen Hilfestellung im Lernprozess anbieten. Er darf sich aber auch nicht für die Lernerfolge der Schüler verantwortlich fühlen. Diese Verantwortung liegt in ihren Händen, und darauf bestehen sie. Die Lehrer konzentrieren sich darauf, ehrliche Rückmeldungen zu geben, und nur die Schüler selbst bauen sich Druck auf. Sie beschuldigen aber auch keinen Lehrer, wenn sie dann scheitern.

Dass die Definition von guten Lehrern sehr individuell ist, kann in einer Schülergruppe, die sich auf einen Lehrer einigen muss, auch zu Problemen führen. Vor allem, wenn es um das gute Verhältnis zwischen Schülern und Lehrer geht, spielen Sympathien eine große Rolle und können eine Einigung in der Gruppe sehr erschweren. Lena erzählte von einer solchen Situation: „Das ist sehr problematisch gewesen. Wir hatten Lehrer, die waren für zwei oder drei Leute in der Gruppe eine Erleuchtung. Das war ein unglaublich fruchtbares Verhältnis für die Beteiligten. Die anderen sieben oder acht Schüler konnten mit dem Lehrer jedoch gar nichts anfangen. Wie löst man das? Du kannst ja nicht für jeden einen eigenen Deutschlehrer anstellen." Doch trotz solcher Probleme, die hier und da immer wieder auftauchen, führt die Tatsache, dass die Schüler ihre Lehrer selbst aussuchen können, dazu, dass Theresia (und damit spricht sie für alle „methodos"-Schüler) auf die Frage, wie ein guter Lehrer zu sein habe, fröhlich antwortet: „So, wie unsere Lehrer sind!" Sie lacht dabei. „Offen, achtsam, sie vermitteln Spaß am Stoff, sind nicht zickig, sie schimpfen nicht, wenn man etwas mal nicht hat, sondern ermutigen: ‚Ja, du schaffst das, mach dir da keinen Stress.' Freundlich. Sie projizieren nichts in die Schüler hinein, was diese nicht erfüllen können, sondern haben eine Freiheit und Offenheit, sie erwarten nicht so viel. Sie sind kooperativ und freuen sich, zu uns kommen zu können. Viele unserer Lehrer sagen: ‚Die schönste Zeit in der Woche ist, wenn ich bei euch sein kann.‘ Das sind unsere Lehrer.“

Zum Beispiel Maria, Englischlehrerin bei „methodos“. 40 Jahre lang unterrichtete sie am Gymnasium Englisch und Sport und engagierte sich nebenher für vieles andere: Sie gründete die Theater-AG und führte sie zu großen Erfolgen, begleitete und organisierte viele Klassenfahrten und Schüleraustausche. Seit wenigen Jahren ist die energiegeladene, kleine Person pensioniert, was für sie scheinbar nichts mit Ruhestand zu tun hat. Sie kann einfach nicht aufhören und nicht Nein sagen: Ständig übernimmt sie wieder Vertretungsstunden, begleitet weiterhin Klassenfahrten und vieles mehr. Und jedes Mal erklärt sie dann: „Ja, aber das ist das letzte Mal!“ Bei „methodos“ ist sie seit Sommer 2010 und auch hier sehr engagiert dabei. Sie lud uns zu Filmabenden zu sich nach Hause ein, wo wir englischsprachige DVDs schauten. Gemeinsam mit einigen Schülern ihrer ehemaligen Klasse fuhren wir mit ihr nach London, wo sie uns einiges zeigte. Von unserem gemeinsamen Londonaufenthalt erzählte sie: „Was mich in England wieder so positiv bestärkt hat, war, als wir alle gemeinsam im Parlament waren. Ihr seid sitzen geblieben, und meine anderen Schüler sind abgehauen, so schnell wie möglich. Das hat wieder dieses echte Interesse gezeigt.“ Sie ist eine der herzlichsten, fröhlichsten Menschen, die ich kenne. Wenn sie lacht, was sie oft tut, kann man ihre quietschgrünen Kaugummis sehen. Manchmal kümmerte sie sich fast mütterlich um uns: Sie brachte uns einen Wasserkocher in unseren Lernraum mit, damit wir dort Tee kochen konnten, lieh uns English-Dictionaries ihrer ehemaligen Schule aus, damit wir diese nicht selbst kaufen mussten, holte uns nach unserer schriftlichen Englischprüfung mit dem Auto von der Schule ab und lud uns zu Kaffee und Kuchen ein. Es rührte mich auch, als sie ganz nebenbei erzählte: „Ich habe jetzt angefangen, Bücher von den Autoren der Short Storys zu lesen, damit ich, wenn Fragen dazu kommen, vielleicht etwas mehr erzählen kann." Das zeigte mir wieder ihr ehrliches Interesse und ihren Einsatz, den sie brachte.

Über jeden Lehrer könnte ich ein solches Porträt schreiben, jedes wäre komplett anders, denn jeder von ihnen ist eine besondere Persönlichkeit. Das Verhältnis der Schüler zu ihren Lehrern ist eine enge, menschliche Beziehung. Doch allen gemeinsam ist, dass sie einerseits authentisch sind und eigeninitiativ und sich andererseits zurücknehmen können, um die Schüler einfach machen zu lassen. Und natürlich auch, dass sie Fachwissen haben und ihre eigene Begeisterung daran weitergeben können. Vielleicht ist das die Basis der Eigenschaften eines guten Lehrers, denn das Lehrersein beschränkt sich nicht auf die Vermittlung von Wissen, sondern umfasst auch die Begleitung des persönlichen Prozesses eines jeden Schülers.

Begegnung auf Augenhöhe: Das Schüler-Lehrer-Verhältnis

Vielleicht liegt der Schüssel aller Probleme an der Schule im Verhältnis zwischen Lehrern und Schülern. Zu dieser Feststellung kam ich nach unserem ersten Informations- und Kennenlerngespräch mit unseren Abiturprüfern. Fast alle dieser Lehrer des uns zugeteilten Gymnasiums waren mir sofort sympathisch. Wir führten interessante, offene Gespräche, teilweise auch über den Abiturstoff. Nachher meinte ich zu Jaska: „Wenn die sich bei uns beworben hätten, um bei ‚methodos' zu unterrichten, ich glaube, ich hätte sie sofort eingestellt!" Ich war fasziniert und erstaunt. Das wollte so gar nicht in mein Weltbild passen, in dem gute Lehrer eine Seltenheit sind. Und ich überlegte: Ist dieses Gymnasium ganz einfach eine Traumschule? Das schloss ich aber aus – allein das Schulgebäude zerschmetterte in seiner Hässlichkeit diese Theorie. Ich kam zu dem Schluss, dass es viel mehr gute Lehrer gibt, als man als frustrierter Schüler glauben kann. Und dass der entscheidende Fehler im System liegt.

Ich denke, dass das Schulsystem Zwang und ein Machtgefälle zwischen Schülern und Lehrern institutionalisiert. Das beginnt schon bei der Schulpflicht, das heißt der Verpflichtung, zur Schule zu gehen und dort die geforderten Leistungen zu bringen. Damit dies eingehalten wird, wird Druck auf die Schüler ausgeübt, beispielsweise in Form von angedrohten Strafen. Durch diesen Druck wird die Pflicht zum Zwang. Die Grundlage für das Zusammentreffen von Schülern und Lehrern ist demnach Zwang. Damit möchte ich nicht sagen, dass ich die Schulpflicht generell für falsch halte. Ich möchte nur auf das daraus resultierende Selbstverständnis aufmerksam machen: Die Schüler sehen sich verpflichtet und gezwungen, die Lehrer dadurch wiederum genötigt, Druck aufzubauen. Auch das Machtgefälle wird schon zu Beginn festgelegt durch den Druck, zu dessen Ausübung in dieser Form nur eine Autorität in der Lage ist. Nicht jeden Schüler wird der Zwang in gleichem Maß tangieren. Aber je größer der Zwang ist beziehungsweise je stärker ein Schüler ihn zu spüren bekommt, desto geringer ist die eigene Motivation.

Dieter vergleicht das Selbstverständnis von Lehrern und Schülern an der Regelschule mit dem der „methodos"-Lehrer und -Schüler: „Im Wesentlichen ist der Unterschied: An der

Schule kommen die Schüler zum Lehrer, bei ‚methodos‘ kommt der Lehrer zu den Schülern. Und das ist auch gut so. Die Schüler wollen etwas lernen und weiterkommen, der Lehrer kommt zu ihnen, hilft ihnen und berät sie. In der Schule haben die Schüler immer den Eindruck, sie kommen zum Lehrer und müssen etwas tun, was er will. Das ist ein verkehrtes Bild. Auch die Lehrer verinnerlichen das mit der Zeit immer mehr. Wenn man sie in der Pause reden hört, sagen sie: ‚Es war heute wieder zäh und ich bin nicht weitergekommen. Und das und das haben sie nicht verstanden.‘ Sie reden so, als ob sie selbst irgendetwas tun müssten, ihren Stoff durchziehen zum Beispiel. Die Schüler laufen dann eben hinterher. Doch eigentlich müssten die Lehrer ja gar nichts tun, sondern die Schüler. Sie wollen Abitur machen und die Kenntnisse dazu erwerben. Der Lehrer ist dazu da, ihnen dabei zu helfen. Das bedeutet aber nicht, dass er vorausmarschiert und die Schüler irgendwie hinter sich her zieht, was aber leider allzu häufig in der Praxis so ist.“

In der Schule wird der Schüler dann im Dreiviertelstunden-Takt durch einen vorgegebenen Stundenplan geschleust, ein Lehrer übergibt die Klasse an den nächsten. Im Unterricht selbst werden Konzentration und Disziplin erwartet. Auf die Bedürfnisse des Einzelnen kann dabei kaum Rücksicht genommen werden. Dazu noch einmal Dieter: „Ich werde an der Regelschule auch immer in diese Rolle hineingedrängt, sagen zu müssen: ‚Bis nächsten Freitag müsst ihr das können, da schreiben wir eine Arbeit.‘ Wenn ich dann einen Schüler betrachte, von dem ich weiß, er hat gerade andere Probleme, der kann das momentan nicht lernen, dann kann ich eigentlich nichts tun. Ich kann ihm höchstens raten: ‚Lass dich krankschreiben und schreibe die Arbeit später nach.‘ Aber auf Dauer geht das auch nicht gut. Dann habe ich ein schlechtes Gefühl, wenn ich genau weiß: Eigentlich kann er es nicht, aber er muss die Arbeit schreiben. In der Benotung endet das dann mit einem Punkt."

Dieses Prinzip missachtet die menschliche Individualität. Gleiches gilt für das Notensystem, mit dem man versucht, alle Schüler nach einem Kriterium und einem Maßstab zu beurteilen, ungeachtet ihrer jeweiligen Veranlagungen, Interessen und persönlichen Probleme. „Die Sache mit der Zensur verdirbt die menschliche Beziehung zwischen Lehrer und Schüler. Das sind alles überkomme Traditionen, es gibt überhaupt keinen Grund, warum man die Rolle des Beurteilers nicht trennen sollte von der Rolle des Unterrichtenden", sagt Hans-Peter dazu. Und gerade die Tatsache, dass der Unterrichtende auch der Beurteilende ist, gibt dem Lehrer ein Druckmittel an die Hand. Dieter sagt dazu: „Durch diese ständige Notengebung ist das Lehrer-Schüler-Verhältnis nicht gerade optimal. Der Lehrer ist derjenige, der die Noten macht. Und er benutzt diese oft auch als Mittel, um sich in der Klasse Ruhe und Ordnung zu verschaffen, im schlimmsten Fall benutzt er sie sogar als Drohung. Die Notengebung in der Oberstufe finde ich, zumal sie abiturrelevant ist, völlig verfehlt. Ich würde sie sofort abschaffen, als Allererstes."

Nicht nur in den Noten wird die Institutionalisierung des Machtgefälles sichtbar, auch in jeder Unterrichtssituation kann man es beobachten: In den meisten Fällen sitzen die Schüler vor dem Lehrer, der zum Unterrichten steht. Hier wird das Gefälle, die fehlende Augenhöhe, auf der man sich begegnen könnte, sinnfällig.

Das spiegelt sich auch in den Lehrmethoden wider. Dieter erinnerte sich an viele solcher Situationen: „Als ich als Oberstufenberater und Leiter des Technischen Gymnasiums viel Organisatorisches zu erledigen hatte und während des Unterrichts oft durch die Schule gelaufen und in die Klassen gegangen bin, habe ich an fast allen Türen – die sind ja sehr dünn – fast immer nur den Lehrer reden gehört. Ich wusste immer schon vor der Tür, wer im Zimmer ist. Manche Lehrer reden permanent die ganze Stunde. Ich weiß, dass die meisten Schüler dabei schlafen oder am Handy spielen, sogar wenn der Stoff sie interessiert, weil sie nicht mit einbezogen werden. Sie können keine eigenen Ideen entwickeln. Sie warten immer nur darauf, dass sie zu etwas aufgefordert werden oder dass der Lehrer sagt: ‚Das müsst ihr für die Arbeit können.'" Dazu fällt mir der alte Schülerspruch ein, der den Nagel auf den Kopf trifft: Wenn alles pennt und einer spricht, nennt man dieses Unterricht. Wenn den Schülern die Motivation zum Lernen fehlt, ist gutes Unterrichten kaum möglich. Bevor er an Unterrichten denken kann, muss der Lehrer sich dann die Aufmerksamkeit der Schüler und die Ruhe im Klassenraum hart erarbeiten. Er muss die Schüler permanent motivieren und bei Laune halten und hat wenig Gelegenheit, wirklich Lehrer im Sinn von Wissensvermittler und Helfer bei Lernprozessen zu sein. Maria erzählte dazu: „Ich habe immer davon geträumt, in einer alternativen Schule zu unterrichten. Die Faszination, Schule anders erleben zu dürfen, hat mich auch zu ‚methodos' gebracht. Dieser Zwang, die Schüler zu motivieren, und dieser Einheitstrott haben mich manchmal ernüchtert." Und Hans-Peter, der sich übrigens geschworen hat, nie wieder klassischen Unterricht zu geben, erzählt: „Ich hatte oft das Gefühl, dass ich im Unterricht Perlen vor die Säue werfe. Mir lag das Thema am Herzen, ich hatte mich gut vorbereitet. Die Schüler hatten vielleicht vorher eine Arbeit geschrieben und waren jetzt unkonzentriert und desinteressiert. Also nicht, dass das jemand falsch versteht: Ich habe meine Schüler nicht als Säue betrachtet. Nur diese Situation. In der Schule zu lehren hat etwas mit Schauspielen zu tun. Allerdings muss man auch vor pfeifendem Publikum spielen, das Tomaten und faule Eier wirft."

Die Schüler geben oft jede Verantwortung ab, denn aus ihrer Sicht ist an allem der Lehrer schuld: am ineffektiven Unterricht, an den schlechten Noten oder den sinnlosen Hausaufgaben. Indem sie dem Lehrer die Verantwortung für alles übertragen und selbst in ihrer Passivität verharren, sind die Schüler an dem Machtgefälle mit schuld. Es ist ein Teufelskreis, in dem jeder seine Rolle spielt und aus dem keiner ausbrechen will oder kann. Solange die institutionellen Bedingungen bleiben, wie sie sind, wird sich daran nicht viel ändern können.

Bei „methodos" haben die Schüler diese Strukturen außer Kraft gesetzt und die Verhältnisse auf den Kopf gestellt. Allein, dass sie an der Beziehung zwischen Lehrer und Schülern etwas verändert haben, hat enorme Auswirkungen auf das Lernen und die Atmosphäre bei „methodos". Hier finden sich die Schüler freiwillig zusammen, aus einer bewussten Entscheidung heraus. Sie haben eine eigene, innere Motivation, zu „methodos" zu kommen und sind diesen Schritt aktiv gegangen. Hans-Peter schilderte seinen ersten Eindruck von „methodos" so: „Beim Vorstellungsgespräch in Evas Küche fand ich es spannend, auf euer Interesse zu stoßen, dass die Initiative von euch ausging. Das ist ja eine Art Umkehrung der Verhältnisse."

Das ist der Ausgangspunkt für die Zusammenarbeit, sowohl in der Gruppe als auch mit den Lehrern. Diese Freiheit der Entscheidung gibt es nicht nur zu Beginn, wenn man zu „methodos" wechselt, sondern täglich neu. Man fragt sich: Stehe ich heute auf und gehe ich in die Gruppe? Bleibe ich im Lernraum sitzen, wenn Dieter zur Mathematikstunde kommt, oder habe ich heute einen schlechten Tag? Bin ich gerade an einem völlig anderen Thema und habe keinen Nerv, mich jetzt auf Mathematik einzulassen? Die Verantwortung für diese Entscheidung trägt jeder selbst, und er wird dafür auch nicht unter Druck gesetzt: nicht von der Gruppe und schon gar nicht vom Lehrer. Bleibt der Schüler im Unterricht, dann hat er sich bewusst dafür entschieden. Er ist bereit, sich auf dieses Fach und die Lehrerstunde einzulassen und hat ein ehrliches Interesse daran zu lernen. Das weiß dann auch der Lehrer. Ihm ist bewusst, dass der Schüler nicht dort säße, wenn er keine Lust dazu hätte. Das schafft eine ehrliche, entspannte Arbeitsatmosphäre.

Das zentrale am Schüler-Lehrer-Verhältnis bei „methodos" und der entscheidende Unterschied zu dem an der Regelschule ist, wie auch Dieter betonte, dass die Schüler etwas vom Lehrer wollen und nicht umgekehrt. „Es hat sich ein Verhältnis umgedreht. Zuvor wollte ich etwas von den Schülern, was sie mir nicht zu geben bereit waren, und jetzt wollen die Schüler etwas von mir. Ich strenge mich an, das zu liefern. Dieses umgekehrte Verhältnis ist etwas, das ich sehr angenehm finde", sagt Hans-Peter.

Es kann der Eindruck entstehen, dass die Lehrer bei „methodos", da die Schüler ihre „Chefs" sind und sie selbst kein Stimmrecht haben, um es provokant zu formulieren, „rechtelos" sind und die Schüler die Machtposition innehaben. Das ist auch das oberflächliche Selbstverständnis der Schüler und Lehrer bei „methodos". Schaut man jedoch genauer hin und untersucht man die Beziehung zwischen Lehrern und Schülern, entdeckt man, dass da viel mehr ein „Mächtegleichgewicht" herrscht als eine verkehrte Hierarchie. Es ist sozusagen ein gegenseitiges Abhängigkeitsverhältnis, in dem Schüler und Lehrer zueinander stehen.

Die Schüler bitten die Lehrer, ihnen etwas beizubringen. Das ist ganz zentral. Sie befinden sich sozusagen in der „Bittstellerrolle" und sind diejenigen, die etwas lernen wollen. Gleichzeitig sind sie die Arbeitgeber der Lehrer. Andersherum sind die Lehrer zwar ihre „Angestellten", aber auch die Erfahreneren, diejenigen, die mehr wissen. Sie bringen den Schülern etwas bei und sind ihnen schon dadurch „überlegen".

Jede Seite ist also auf die andere angewiesen, und das ist auch die eigentliche Basis des täglichen Beisammenseins bei „methodos". Es ist ein Austausch auf Augenhöhe. Denn – und auch dieser Faktor ist nicht zu unterschätzen – auch die Lehrer sind freiwillig bei „methodos". Wenn ihre eigenen Vorstellungen und Ideen nicht verwirklicht werden oder ihre Erwartungen nicht erfüllt werden, können sie die Zusammenarbeit jederzeit beenden. Die Schüler sind dafür verantwortlich, dass die Lehrer sich bei ihnen wohlfühlen. Für jeden von ihnen haben sie sich bewusst entschieden und sie wollen von ihnen unterrichtet werden.

Das hierarchische Gefälle zwischen Lehrern und Schülern ist in den Strukturen von „methodos" festgeschrieben. Darin liegt tatsächlich die Gefahr, dass Schüler mit einer überheblichen, realitätsfernen Einstellung den Lehrern respektlos begegnen. Doch das hierarchische Gefälle entspricht nicht der alltäglichen Realität bei „methodos", die vielmehr eine menschliche Beziehung auf einer Ebene ist. Uli sagt: „Die Selbstverständlichkeit, mit der wir uns auf einer Ebene begegnen, davor habe ich eine gewisse Ehrfurcht."

Es ist für viele Lehrer eine neue Erfahrung, selbst wenn sie an ihrer Schule immer sehr bemüht sind, ihre Schüler ernst zu nehmen. Es reicht eben nicht nur ein Rollenwechsel des Lehrers, auch die Schüler müssen ihre Position neu definieren, damit ein grundsätzlicher Wandel stattfinden kann. Jan sagte dazu: „Das Verhältnis zwischen Lehrern und Schülern auf Augenhöhe ist eine Möglichkeit an der normalen Schule – an guten Schulen gibt es das auch –, aber es ist eine Notwendigkeit bei ‚methodos'. Und all die Lehrer, die dafür keine Offenheit haben, sind bei ‚methodos' gescheitert." Diese Beziehung auf einer Ebene führt zu großem Respekt, sowohl der Schüler vor ihrem Lehrer als auch des Lehrers vor seinen Schülern.

In einer solchen Atmosphäre macht Lernen Freude und Lehrer können das tun, wofür sie Lehrer geworden sind: Wissen vermitteln und bei Lernprozessen helfen, ohne vorher einen Kampf auszufechten. Uli meint dazu: „Der Unterschied zu meiner Rolle als Lehrer an der Regelschule ist, dass ich bei ‚methodos' diesen ganzen Krempel nicht habe: mir Ruhe zu verschaffen, Disziplin zu halten, Streitigkeiten zu verhindern, Aufmerksamkeit zu erhalten. Ich bin also nicht die Person, die ich an der normalen Schule war, die Autorität haben sollte, deren Autorität aber andauernd infrage gestellt wurde. Ich muss mich um Autorität und Respekt gar nicht bemühen, sondern wirke einfach über mein Fach. Ich sehe mich eher auf einer gleichberechtigten Ebene mit den Schülern. Und das ist sehr schön!" „Ihr seid interessierter, aufmerksamer, für mich eher Partner im Lernen als Untergebene in einem hierarchischen Gefälle", brachte Maria es gut auf den Punkt.

Die Eigenverantwortung der Schüler macht jeden Druck vonseiten der Lehrer überflüssig. Doch das bedeutendste Druckmittel eines Lehrers an der Regelschule fällt bei den Schülern von „methodos" ohnehin weg: die Beurteilung, die für die Abiturnote relevant ist. Bei den externen Prüfungen werden sie von fremden Lehrern geprüft, und deren Beurteilung alleine legt ihre Abiturnote fest. Das ist zum einen problematisch, denn die Prüfer kennen die Schüler nicht, können sie nicht einschätzen und wissen nicht, was sie tatsächlich können. In den acht mündlichen Prüfungen wird besonders deutlich, dass die Prüfungsnote mehr oder weniger Glückssache ist, denn das Urteil gründet sich auf einem 20-minütigen Gespräch mit dem Prüfling. Wenn dieser beispielsweise Prüfungsangst hat, ihm plötzlich nichts mehr einfällt oder er über ein Thema geprüft wird, mit dem er seine größten Schwierigkeiten hat, ist das einfach großes Pech. Auf der anderen Seite ist es für das Lehrer-Schüler-Verhältnis sehr positiv, dass die Rolle des Beurteilers getrennt ist von der des Unterrichtenden. Dadurch können die Lehrer den Schülern bei „methodos" ehrliche Rückmeldungen und Einschätzungen ihres Wissensstandes geben und die können diese vor allem auch als solche auffassen. Das ist ganz entscheidend für eine fruchtbare Lernatmosphäre. Es geht darum, dass der Schüler seine eigenen Wissenslücken entdeckt und an ihnen arbeiten kann. Dabei will ihm der Lehrer helfen. Maria sagte dazu: „Guter Unterricht ist eine effektive und intellektuell gute Lernatmosphäre. Das heißt, dass sich die Leute verstehen und dass Offenheit herrscht. Wenn man etwas nicht verstanden hat, geht man damit offen um. Wenn Kritik geübt wird, tut man das bei ‚methodos' oft humorvoll. Ich sehe meine Rolle als die eines Wissen vermittelnden Mentors. Die Schüler sind so unterschiedlich. Wenn dabei Offenheit herrscht, kann ich darauf viel besser eingehen." Es steht hier tatsächlich das Lernen im Vordergrund und nicht, wie an der Regelschule leider zu häufig der Fall, die gute Note.

Auch umgekehrt gilt das Prinzip der ehrlichen, offenen Rückmeldung, also von Schülern an den Lehrer. Wenn sich, wie oben beschrieben, Lehrer und Schüler auf einer Ebene befinden, wird das möglich. Da die Schüler etwas von ihrem Lehrer wollen, da sie ihn anstellen, ist es notwendig, dass die Kommunikation gelingt, damit beide Seiten wissen, woran sie sind und an einer besseren Zusammenarbeit feilen können. Bei „methodos" sind die Lehrer bereit, selbst zu lernen und ihre Ansichten und Methoden zu ändern. Maria sagte zu diesem Prinzip: „Die Rückmeldung der Schüler habe ich an der Schule immer als persönliche Kritik aufgenommen. Hier fasse ich es als konstruktiven Beitrag zum Unterricht auf. Ihr kritisiert auch ganz anders, viel erwachsener, viel reifer."

Hans-Peter brachte sehr schön auf den Punkt, wie es ihm bei „methodos" mit dieser Konstellation ging: „Es ist eine gute Mischung aus pädagogischem Vergnügen und Verunsicherung. Ohne Verunsicherung läuft nichts im Leben, das ist eine alte Weisheit. Die Verunsicherung kommt zum Beispiel aus der Frage, ob das richtig ist für die Schüler. Der Lehrerberuf bringt diese Verunsicherung mit sich, das ist auch nicht neu."

„Das Beste, das mir je passiert ist" – Was denken Lehrer über „methodos"?

„‚methodos' ist das Beste, was mir in mehr als 40 Jahren Lehrerdasein passiert ist. Dafür bin ich euch dankbar", sagte mir Uli tief überzeugt. Und er erzählte: „Jeden Mittwoch früh, bevor ich zu euch komme, sage ich: ‚methodos!' Ganz schön! Jeden Dienstag, jeden Montag sage ich: Mittwoch ist wieder ‚methodos'!" Er klopft bei jedem Wort auf den Tisch, um jedes einzeln zu betonen. Woher kommt seine Begeisterung? „Ich weiß noch sehr genau, dass ich bei meinem Vorstellungsgespräch gefragt habe: ‚Warum macht ihr das eigentlich?' Und jemand hat gesagt: ‚Wir waren es einfach leid, in der Schule von den Mitschülern zu hören: Scheiß Schule.' Nach einer Probestunde wurde ich eingestellt, und seitdem bin ich dabei, zweimal die Woche, mit wachsender Begeisterung. Was

Spaß macht, ist, dass ich hier Leute habe, die von sich aus motiviert sind. Nicht wie an der Schule, wo ich tausend Verrenkungen machen muss, die Schüler irgendwie für das zu interessieren, was ich zu bieten habe, und dann damit bei der Mehrheit scheitere. Hier habe ich fünf Leute vor mir sitzen, die etwas von mir wollen.

Vor zwei Wochen haben sie mir alle ein Feedback gegeben. Und zu meiner Überraschung waren sie so davon angetan, wie ich den Unterricht mache, dass sie mir sagten, sie wollen gerne, dass ich weitermache. Es hätte ja auch anders sein können. Für mich sind diese zwei Morgen ‚methodos‘ immer extrem aufbauend. Ich freue mich darauf. Es ist auch so eine Art Begeisterung bei den Schülern zu spüren, die meiner eigenen Begeisterung entspricht. Und das ist ein Motor, der mich antreibt.“ Solche Worte von den Lehrern zu hören ist die schönste Bestätigung für „methodos“: dass wir mit unserem Projekt etwas erreichen können und eine bessere Schule vorleben.

Das bestätigt sich auch in der Geschichte von Hans-Peter: „Dieter hat mich angesprochen und mich gefragt, ob ich bei ‚methodos‘ unterrichten wolle. Meine Antwort war: ‚Ich habe mir geschworen, nie wieder Unterricht zu machen.‘ In der Schule hatte ich das Gefühl, mich in einer ganz befremdlichen Situation zu befinden. Die sieht ungefähr so aus: Die Schüler schauen die Lehrer skeptisch an und fragen sich: ‚Was haben die eigentlich mit uns vor?‘ Die sitzen da mit halb abgeschaltetem Gehirn. Das ist aber nicht ihre Schuld, mir ging es genauso. Und jetzt soll ich sie begeistern, in meinem Fall für Gemeinschaftskunde. Mit der Schule hatte ich abgeschlossen, ich war nur noch schulpolitisch tätig. Und jetzt habe ich mich überreden lassen, wieder zu unterrichten, weil mir gesagt wurde: Das ist ja gar kein Unterricht bei ‚methodos'! Und das ist es auch nicht. Ich habe jetzt nach den relativ wenigen gemeinsamen Stunden das Gefühl, es hat sich ein Verhältnis umgedreht. Dieses umgekehrte Verhältnis ist etwas, das ich sehr angenehm finde." Maria sagte: „Ich fühle mich als Lehrer richtig motiviert. Ich fühle mich richtig wach während des Unterrichts, was an der Schule oft nicht so war. Ich fühle mich richtig gut aufgehoben." Es erklärt sich von selbst, dass die Unterrichte bzw. Lehrerstunden bei „methodos" mit solch motivierten, ja begeisterten Lehrern qualitativ weit besser sind als die an der Schule, in der eben doch vieles durch Zwang bestimmt wird. Hans-Peter sagte dazu: „Meine Motivation, zu ‚methodos' zu kommen, war, mein pädagogisches Engagement weiterzuführen. Ich habe an der Schule eine Zeit lang immer gesagt: ‚Das Beste an der Schule sind die Schüler, wenn die nicht wären, wäre es unerträglich.' Und jetzt habe ich Schüler ohne Schule, das ist doch super!" Doch es ist nicht nur diese Freude über die bereichernden Unterrichtssituationen, weshalb die Lehrer gerne bei „methodos" unterrichten, sondern auch die Idee, die hinter „methodos" steckt, begeistert sie. Uli sagte dazu: „‚methodos' ist ein Weg für junge Leute, sich in Eigenverantwortung das Abitur zu verschaffen, indem sie vor allem alles Organisatorische in die Hand nehmen und selbst bewältigen. Sie fangen bei und an sich selbst an zu arbeiten, und nicht an den Lehrern." Dieter meinte: „Die Idee fand ich so faszinierend. Ausgangspunkt war, dass die Schüler mit der Schule unzufrieden waren. Und dass sie sich eine andere Art zu lernen vorstellen, insbesondere in der Oberstufe. Ein selbstständigeres Lernen. Nicht nur Dinge rezeptiv aufzunehmen, sondern sich aktiv mit den Dingen auseinanderzusetzen und sich die Oberstufeninhalte auf einem anderen Niveau, eher so wie an der Universität, anzueignen. Und sie wollten das alles selbst organisieren, aber dem habe ich zu Beginn nicht so viel Bedeutung beigemessen. Mir ging es mehr um die Art des Lernens, das selbstständige Lernen. Das schien mir sinnvoll als Vorbereitung auf das Studium. Und im Prinzip ist es genau das, was laut dieser schönen Papiere vom Kultusministerium eigentlich von unseren Schulen verlangt wird, was aber nicht realisiert wird."

Alle Lehrer sind sich darin einig, dass die Tatsache, die Schüler nicht bewerten und beurteilen zu müssen, ein ganz entscheidender positiver Faktor ist. Hans-Peter meint: „‚methodos' ist eine Schule ohne strukturelle beziehungsweise institutionelle Gewalt. An Schulen wird eben Macht und Gewalt ausgeübt. ‚methodos' ist gänzlich frei von dieser Gewalt, weil die Lehrer kaum was zu sagen und keine Vorgaben außer dem Abitur haben. Man könnte darüber nachdenken, ob diese Gewalt noch vom Abitur als Ziel ausgeht. Aber ansonsten ist das eine wirklich gewaltfreie Schule."

Vielleicht ist der Kern der Begeisterung der Lehrer für „methodos" und die Essenz der obigen Zitate, dass sie bei „methodos" wirklich Lehrer sein können – wobei keiner unserer Lehrer diese Bezeichnung gerne benutzt, denn sie ist inhaltlich besetzt und mit Vorstellungen verbunden, von denen sich die Schüler bei „methodos" lösen wollen. Viel lieber verwenden sie Begriffe wie Begleiter, Trainer, Mentor, Ratgeber oder Fachberater. Die Lehrer bei „methodos" haben diese für sie sehr wichtige, aber leider selten zu findende Eigenschaft, sich zurücknehmen zu können. Sie vertrauen den Schülern. Dieter sagte dazu: „Guter Unterricht ist für mich eigentlich der, der nicht stattfindet. Denn Unterricht verbindet sich mit bestimmten Formen. Ich habe gestern mit meinem Sohn gesprochen, der ist jetzt Referendar. Er meinte, es gibt Seminarleiter, die den Unterricht vorschreiben, die sagen, man muss auf jeden Fall Gruppenarbeiten einbauen oder tafelzentrierten Unterricht oder dies und jenes, aber irgendwie Unterricht. Dass man einfach mal hingeht und sagt, die Schüler sollen sich mit einem Thema beschäftigen, dass man sie einfach mal in Ruhe lässt, das ist nicht denkbar. Ganz besonders in den Prüfungsstunden im Referendariat muss er Unterricht nach Plan halten, etwas zeigen. Es traut sich dann später nur ganz selten ein Lehrer zu, den Schülern zu sagen: ‚Jetzt macht mal.‘ Und wenn sie nicht weiterkommen: ‚Ich bin da, falls es Fragen gibt.‘" Doch genau das ist notwendig, wenn ein Schüler selbstständiges Denken lernen will. Wenn man nur häppchenweise verabreichtes Wissen schluckt und wieder ausspuckt, wird dabei kein eigener Denkprozess angestoßen. Und in seinem Artikel über „methodos" wird Dieters Haltung, über den Unterricht hinausgehend, deutlich: „Was wissen wir Älteren und Alten denn schon vom Leben oder gar der Zukunft dieser jungen Leute? Wollen wir uns da wirklich ein Urteil zutrauen? Sind wir nicht von ihrem Facebook- und Bloggeralltag genauso weit entfernt wie unsere eigenen Eltern damals von den Ideen und Äußerungen der 68er-Bewegung? Der einzige Unterschied ist doch, dass die Jugendlichen überwiegend ein gutes Verhältnis zu uns haben, dass sie uns mit unserem ach so großartigen Verständnis weitgehend tolerieren. Aber an ihrem Leben haben wir nicht wirklich teil. ‚methodos‘ ist das wunderbare Ergebnis einer aktiven Jugendkultur, und die Geburtswehen dauern noch an. Daher ist es richtig, wenn die Jugendlichen selbst entscheiden, wie sie unter diesen erschwerten und selbst gewählten Bedingungen ihren Weg zum Abitur finden, zumal dieses Vabanque-Spiel in jedem Jahr wieder in völlig neuer Besetzung abläuft." In einem Gespräch verdeutlichte er das noch mal: „Es ist für mich in Ordnung, dass sich ‚methodos‘ jedes Jahr radikal verändert. Zumal ich das, ohne es ausführen zu wollen, weltweit wahrnehme, dass ihr Jungen wieder aktiv werdet. Ich versuche, mich anzupassen. Aber ich überlasse das euch, versuche, nicht zu viel reinzureden."

Die Vorstellungen der Lehrer von ihrer Rolle bei „methodos" sind sehr unterschiedlich. Uli und Hans-Peter führten einmal ein Gespräch darüber. Uli meinte: „Es herrscht keine Einigkeit darüber, was wir sind. Sind wir Lehrer? Oder Coaches? Das ist gerade auch etwas sehr Reizvolles, dass diese Rolle nicht so eindeutig festgelegt ist. Erstens interpretiert sie wahrscheinlich jeder von uns für sich anders, zum Teil von seinem Fach abhängig, zum Teil aber auch von seiner Persönlichkeit und vom Temperament. Grundsätzlich ist sie jedenfalls nicht festgeschrieben. Wenn ich an die Regelschule gehe, weiß ich genau, was ein Lehrer ist und was von ihm erwartet wird. Hier bei ‚methodos' gibt es so viele Erwartungen, wie es Schüler gibt, und so viele Definitionen, wie es Menschen gibt, die hier unterrichten." Hans-Peter ergänzte: „Gerade diese offene Situation ist auch für mich das Reizvolle. Das betrifft nicht nur unsere Lehrerrolle, sondern auch die übrigen Aspekte des Unterrichts, die ebenfalls offen sind: die Unterrichtsmethodik, aber auch die Zeiteinteilung. Es ist der Horror für mich gewesen, im Dreiviertelstunden-Takt zu unterrichten. Lernprozesse werden permanent künstlich abgebremst. Und dann wird das Fach gewechselt. Das brauchen wir hier nicht zu tun. Wir haben bei ‚methodos' zum Beispiel Blockunterricht gemacht. Und wenn die Schüler das weiter wollen, weil es sich bewährt hat, dann machen wir das auch weiter. Aber wir hören auch wieder auf damit, wenn wir das Gefühl haben, dass es uns nicht weiterbringt. Das finde ich sehr reizvoll." Dieser Punkt begeisterte auch Uli: „Ja, wir orientieren uns an den Schülern. Wir fragen sie: ‚Was braucht ihr?' Das ist auch so etwas, das ich 40 Jahre lang an der Schule nicht machen konnte. Und dann wollen die Schüler auch etwas von uns, das ist das Schöne. An der Regelschule war das wegen der vielen Schüler und durch die Zwänge des Schulalltags nicht möglich."

Unsere Lehrer sind offen und flexibel. Sie lassen sich auf die Schüler und darauf, was diese brauchen und wollen, ein. Es ist kein starres Konzept, das da „durchgezogen" wird. Hans-Peter beschreibt seine Haltung, wenn er zu den Lehrerstunden kommt: „Ich bereite den Unterricht schon vor. Ich habe eine Vorstellung, was ich machen möchte, was das Ziel sein könnte. Aber ich gehe jederzeit von dieser Vorstellung ab, wenn ich sehe, dass das Sinn macht. In Bezug auf die Flexibilität habe ich natürlich noch etwas zu lernen." Dieser Punkt ist sehr wichtig und schön: dass sich alle Lehrer bei „methodos" selbst auch als Lernende begreifen und jederzeit bereit sind, etwas zu lernen. Das gilt für ihre Lehrmethoden, die Unterrichtssituationen, aber auch den Inhalt der Stunden. „Learning by teaching" nannte Hans-Peter das. Niemand hält sich für den vollkommenen Lehrer, noch denkt er, er hätte das absolute Wissen. Uli erzählte: „Ich muss mich selbst immer wieder hinterfragen: Ist das richtig, was ich hier mache? Dominiere ich nicht zu sehr? Ich habe bei ‚methodos' mehr noch als an der Schule gelernt, mich selbst zu reflektieren." Und in Bezug auf das an Schulen vermittelte Wissen sagte Hans-Peter: „Wir verfügen über sehr wenig endgültiges Wissen. Es wird zwar immer behauptet, die Wissenschaft weiß das und das, aber das ist nur die Mehrheitsmeinung. Und diese Offenheit, die Fragen, das Nichtwissen sollten den Schülern übermittelt werden. Auch ein Lehrer lernt nie aus. Es wird nach wie vor zu viel Wissen autoritär vermittelt, als sei das gesichert. So wird es dogmatisch, denn es ist nicht gesichert."

Die Lehrer bei „methodos" fühlen sich nicht für den Lernerfolg der Schüler verantwortlich oder versuchen zumindest, das nicht zu tun. Das ist jedoch oft gar nicht so leicht, vor allem, weil sie auf menschlicher Basis eine so gute Beziehung zu den Schülern haben. Sie wollen ja auch, dass die Schüler mit ihrer Hilfe das Abitur bestehen. Maria sagte zum Beispiel: „Ich habe schon das Gefühl, dass ich eine Verantwortung dafür habe, dass es gut läuft, dass die Vorbereitung auf das, was ihr anstrebt, zeitgerecht ist, sachlich richtig. Das kann ich nicht ganz ablegen." Dieter machte sich in dieser Hinsicht bewusst, dass der Schüler als Mensch wichtiger ist als das Abitur: „Ob ihr das Abitur besteht oder nicht, ist eure Sache. Ich finde es nicht so dramatisch, wenn ihr das nicht schafft. Vielleicht ist in eurem Leben einfach gerade etwas anderes wichtig, sei es eine Beziehung oder Konflikte mit den Eltern. Und das Abitur muss auch nicht für jeden das Richtige sein."

Das hier dargestellte Selbstverständnis der Lehrer ist eine entscheidende Grundlage, auf der der Wechsel der Rollen, wie man sie von der Schule her kennt, stattfinden kann. Die Lehrer bei „methodos" haben mit dieser Einstellung großen Einfluss darauf, dass das Lernen hier Freude macht und dass dieses Projekt etwas Besonderes ist. Und in ihrer Menschlichkeit, Offenheit, Toleranz, ihrer Selbstständigkeit im Denken und ihrer großen Herzlichkeit sind sie mir große Vorbilder.

Ohne Lehrer wären wir heute nicht da, wo wir sind – Die Rolle der Lehrer im „methodos"-Projekt

„Es gäbe kein ‚methodos', wenn nicht von Anfang an Lehrer das Projekt tatkräftig unterstützt hätten", schreibt Dieter Markert in seinem Aufsatz zu der Frage „Was eigentlich ist ‚methodos'?". Die Lehrer spielten bei der Gründung von „methodos" eine wichtige Rolle. Aber sie haben dort kein offizielles Stimmrecht. Das scheint paradox.

Allgemein betrachtet ist die Rolle der Lehrer bei „methodos" eine sehr ambivalente. Die eigene Definition ihrer Lehrerrolle fällt schon sehr individuell aus. Durch die Erwartungen der Schüler bewegt sich ihre Position im Projekt zudem in einem Spannungsfeld. Einerseits bringt jeder von ihnen eine eigene Motivation mit, weshalb er bei „methodos" ist. Er ist von der Idee begeistert und möchte Schule anders erleben und leben, er hat sich schon viele Gedanken über mögliche Alternativen gemacht und hat seine eigenen Ansichten in der Bildungsdebatte. Er will sich einbringen und mitgestalten. Zudem sind es die Lehrer, die das Projekt über längere Zeiträume hinweg begleiten, die Entwicklungen sehen und Probleme erkennen und manchmal sogar vorhersehen können. Sie sind erfahren und haben mehr Ahnung von der Organisation eines Vereins und vielem mehr als wir Schüler.

Auf der anderen Seite nehmen sie sich zurück, lassen die Schüler ihr eigenes Ding machen und tragen auch keinerlei Verantwortung: weder für den Lernerfolg noch für die erfolgreiche Organisation des Projektes noch für soziale Prozesse innerhalb der Gruppe.

Auf der einen Seite begreifen sich die Lehrer also selbst als Lernende, und auch die Schüler erwarten von ihnen Lernbereitschaft. Andererseits sind sie die Angestellten der Schüler und können entlassen werden, wenn die Zusammenarbeit nicht erfolgreich ist. Dieses Spannungsverhältnis hat sich über die Jahre leider verschärft. Die fehlende Übergabe des Projektes von einer Gruppe an die nächste und die Medien spielten in dieser Entwicklung eine große Rolle.

„Es gab bei uns am Anfang einen Konsens, dass wir das Projekt alle zusammen machen, Schüler wie Lehrer. Wir kannten uns ja auch vorher schon unglaublich gut, auch die meisten Lehrer", erzählte Lena. Es war die unausgesprochene

Grundlage der Zusammenarbeit zu Beginn von „methodos", dass es sich dabei um ein gemeinsames Projekt handelt. Dieter erinnert sich: „Das war eine richtige Gemeinschaft, wir haben uns regelmäßig getroffen, alle zusammen, mindestens einmal im Monat, und haben über alles gesprochen. Wir haben immer den Eindruck gehabt, wir kämpfen zusammen." Auf der Grundlage dieser guten Kommunikation können Unzufriedenheiten, die aus einem solchen Spannungsverhältnis entstehen, aufgefangen oder gemeinsam bearbeitet werden. Doch den Medien, mit denen die jungen Schulgründer schon sehr früh in Kontakt kamen, wurde ein anderes Bild vermittelt: „Wir als Lehrer haben uns – bewusst oder unbewusst, da bin ich mir noch nicht ganz sicher – in den Hintergrund gestellt und dieses Bild von der Gruppe von Schülern, die alles selbst machen, gefördert. ‚methodos' kam als Schülerinitiative an die Öffentlichkeit und hat sich dann auch so weiterentwickelt", erzählte Jan. Dieses verdrehte Bild sollte der „Verkaufsförderung" dienen. „Den Begriff ‚Alleinstellungsmerkmal' haben wir für uns in der Zusammenarbeit mit den Medien oft diskutiert. Es war klar, dass wir irgendetwas zeigen müssen, was uns besonders macht. Für die Medien interessant sind solche Sachen wie ‚Schule ohne Lehrer', weil es irgendwie toll und revolutionär klingt. Dieses Schlagwort ‚Schule ohne Lehrer' ist unglaublich verlockend gewesen, weil es auch in unseren Reflex von frustrierten Schülern gut hineingepasst hat", erzählte Lena. Als der Schülergruppe die Auswirkungen dieser Darstellung in der Öffentlichkeit für ihr Projekt klar wurden, versuchte sie, das Bild zu korrigieren. Dass den Schülern das nicht gelang, war ärgerlich, hatte aber keine größeren Auswirkungen auf ihr Projektjahr. Das änderte sich, als sie ihr Abitur abgeschlossen hatten und neue Schüler kamen. Die Gruppe versäumte es, den neuen Schülern ihr Projekt wirklich zu übergeben. Ihre Ideen, ihre Erfahrungen, das Selbstverständnis und ihr Wissen gingen mit ihr. Das Selbstverständnis und die Vorstellungen der neuen Gruppe waren geprägt von dem Bild, das die Medien vermittelt hatten. Und das bestand vor allem darin, dass bei „methodos" alles von den Schülern selbst bestimmt wird und sie die „Chefs" sind.

Dieser unausgesprochene Konsens, dass „methodos" ein Gemeinschaftsprojekt von Schülern und Lehrern ist, ging verloren. Es entwickelte sich über die folgenden Jahre eine Rollenverteilung, bei der im Extremfall die Schüler alles entschieden und die Lehrer nichts. Manchmal wussten die Lehrer noch nicht einmal von den Entscheidungen. Teilweise ging das so weit, dass die Schüler ihre Lehrer nur noch als Dienstleister sahen, wie Elena, drei Jahre lang Begleiterin der Schüler, kritisierte. Auch die Kommunikation zwischen Lehrern und Schülern wurde nicht mehr gepflegt, sodass die Lehrer hauptsächlich für ihre Unterrichte zu „methodos" kamen und ihr Wirken darauf beschränkt blieb. Dieter stellt das bedauernd fest: „Ich komme hierher wie an eine Privatschule, an der ich unterrichte. Dass es dahinter keinen Schulleiter gibt, das bekomme ich eigentlich nicht mit. Ich komme in eine Art Klasse, erledige meine Aufgabe unter durchaus angenehmen Bedingungen, aber ansonsten ... Dieses intensive Begleiten des Einzelnen, das ist weitgehend weg."

Doch allen Lehrern liegen „methodos" und auch jeder einzelne Schüler, wie man aus Dieters Zitat lesen kann, ehrlich am Herzen. Viele wünschen sich eine stärkere Beteiligung am Projekt. Das könnte eine große Bereicherung und gleichzeitig Erleichterung sein. Dieter schreibt dazu: „Dennoch bleibt immer die Unsicherheit, wie und ob es im nächsten Jahr mit einer neuen Gruppe weitergeht. Auch innerhalb eines Jahrgangs sind die auftretenden Probleme oft so groß, dass der ein oder andere vorzeitig aufhört oder sich weitgehend zurückzieht. Kurz vor dem Abitur zerfällt die Gruppe meistens in Einzelkämpfer, vom viel beschworenen Teamgeist keine Spur mehr. Die Frage ist: Wie kann man das verhindern, was kann in Zukunft besser gemacht werden?

Eines ist für mich sicher: ‚methodos‘ muss eine ‚Schülerschule‘ bleiben. Aber das muss nicht heißen, dass die Lehrer wie zurzeit weitgehend ausgeschlossen sind. Im Gegenteil: Es ist schon sehr leichtfertig, die langjährige Lebenserfahrung dieser bereitwilligen Pädagogen so wenig einzubeziehen, zumal es ja die Lehrer sind, die in der Regel mehrere Jahre bleiben, die Schüler dagegen nur ein Jahr. So bilden die Lehrer das eigentliche Gerüst dieses Konstrukts ‚methodos‘. Sie sind es, die bereits da sind, wenn sich neue Schüler anmelden und so auch sicher sein können, dass die entsprechenden Fachleute zur Verfügung stehen. Daher scheint es nur sinnvoll, wenn sich die Lehrer auch mit um die Erhaltung dieses Gerüsts (Finanzen, Räume und dergleichen) kümmern, zumal sie in diesen Dingen natürlich viel mehr Erfahrung einbringen können. Nicht selten ist die Bewältigung all dieser eher technischen Probleme für die Schüler eine allzu große und unangenehme Belastung, die sie zu sehr vom Lernen abhält. Auch wenn das Handhaben organisatorischer Dinge mit zum ‚methodos‘-Konzept gehört, geht den Schülern nichts verloren, wenn sie dabei die Lehrer und deren Erfahrung stärker mit einbeziehen und nutzen." Wichtig dabei ist, dass die Schüler weiterhin die Verantwortlichen bleiben. Denn: „Sobald sich wieder Erwachsene verantwortlich fühlen, verändert sich der Charakter des Projektes", sagt Maria.

Uns als Schülern fällt es oft schwer, die Hilfe der Lehrer anzunehmen. Woher das rührt? Ich weiß es nicht. Vielleicht aus einer Art „Schultrauma", weil uns dort niemand zugetraut hat, selbst Verantwortung zu tragen. Schnell bekommen wir Gutgemeintes in den falschen Hals – so geschehen im Winter 2011, als wir (mal wieder) unter finanziellen Sorgen litten. Hans-Peter, der das in einem Gespräch mitbekam, startete eine Rundmail an seine „methodos"-Lehrerkollegen, in welcher er sie bat, auf ihre Bezahlung zu verzichten und sich auch um Spenden zu bemühen. Eine rührende Idee, aber wir fühlten uns übergangen, zumal es in der Kommunikation stockte: Nicht er hatte uns von dieser Mail erzählt, sondern Maria. Es war nichts Dramatisches, es macht aber deutlich, wie wichtig es uns Schülern ist, alles selbst in den Händen zu halten. Ob das richtig ist oder hier mehr Vertrauen von Schülerseite besser wäre, sei dahingestellt.

Auch das Thema Kontinuität, das Dieter in seinem Text angesprochen hat, ist ein heiß und oft diskutiertes Thema bei „methodos". Die Meinungen dazu gehen weit auseinander. Die einen sind der Überzeugung, „methodos" sollte sich jährlich komplett verändern können, und dass nur dadurch gewährleistet sei, dass es weiterhin eine „Schülerschule", also ein schülerorientiertes Projekt, bleibt. Andere meinen, eine Weiterentwicklung sei notwendig und die Evaluation des Projektes auf einer übergeordneten Ebene, wie Lena es nannte: „Diese Evaluationen finden nur extrem zweckgerichtet statt: Ich mache einen Schritt, merke, das geht nicht, und dann mache ich einen anderen. Aber es geht nie so weit, das Ganze auf seine Ursachen hin zu untersuchen. Natürlich, während des Jahres dachte ich das auch, dass wir alles evaluieren, dass die richtige Lernmethode organisch wächst, ganz nach der Eigenart der Gruppe und unseren Bedürfnissen usw. Das war so unser einziger Grashalm, an den wir uns geklammert haben. Aber wenn ich mir das heute rückblickend anschaue und vor allem sehe, dass es bei der jetzigen Gruppe letztendlich von den Worten und den Empfindungen mehr oder weniger gleich läuft wie bei uns, ist das für mich schon eher ein Zeichen, dass es da ein Muster gibt. Es wird nicht auf einer Metaebene reflektiert. Und das, was unterm Jahr läuft, ist mehr Symptombehandlung." Und in Bezug auf meine Recherchen im Hinblick auf dieses Buch sagte sie: „Das, was du jetzt machst, diese übergreifende Reflexion und der Austausch mit Leuten aus den unterschiedlichen Jahrgängen für das Buch, das hat jahrelang gefehlt." Sie selbst hatte sich nach ihrem Abitur einige Zeit darum bemüht, mit der ganzen Gruppe eine umfangreiche Reflexion durchzuführen, war aber am Desinteresse ihrer Mitabiturienten gescheitert. Deren Bedürfnis nach etwas völlig Neuem nach dem Abitur ist nachvollziehbar, dennoch gebe ich Lena recht, wenn sie sagt: „Es wäre wirklich wesentlich gewesen, unser ‚methodos'-Jahr tiefer gehend zu reflektieren, damit das Projekt eine gewisse Relevanz hätte erreichen können."

Dritte glauben, es brauche keine Weiterentwicklung und das „Muster", welches hier abläuft, zeige nur, dass jeder Schüler für sich die gleichen Erfahrungen machen müsse und keine Erkenntnisse seiner Vorgänger übernehmen könne. Doch Lena meinte weiter, dass sich „methodos" dadurch immer im Kreis bewege, was sie, besonders im Hinblick auf die Lehrer, sehr problematisch fand: „Ich habe gerade eigentlich keine Ahnung, an welchem Punkt die jetzige ‚methodos'-Gruppe steht. Aber ich habe mir gestern die Website angeschaut. Und das, was in dem Blog steht, ist derart O-Ton genau das, was wir im Januar gefühlt und gedacht haben! Da habe ich mich echt erschrocken, weil mich das wirklich bis ins Detail hinein daran erinnert hat, wie wir uns damals gefühlt haben: Im Januar haben wir gemerkt: ‚Ja, Mensch, bei uns sind ja viel zu viele Lehrer da! Wir verraten unsere Ideale! Raus mit den

Lehrern und so weiter.' Aber wenn ich jetzt im Nachhinein über das Projekt nachdenke, sind die Lehrer mindestens so wesentlich wie die Schüler. Meiner Meinung nach gehören die Lehrer mit dem gleichen Mitspracherecht in den Verein, denn es muss ein Gemeinschaftsprojekt sein und bleiben. Es ist einfach eine unglaubliche Überheblichkeit der Schüler zu sagen, sie stünden über den Lehrern. Und das ist etwas, was ich im Nachhinein auch festgestellt habe: dass sich viel von unserem guten Gefühl und der Motivation, die wir hatten, aus unserer Anmaßung gespeist hat. Das ist so eine Erfahrung, die nicht weitergegeben wurde und die sich dann wiederholt, wahrscheinlich noch viel schlimmer, weil man gar nicht mehr auf den Konsens zurückgreifen kann, dass es eigentlich ein Gemeinschaftsprojekt ist.

Für mich ist es ein großer Nachteil des Projektes, dass diese Weitergabe der Erfahrungen über die Generationen hinweg nicht stattgefunden hat. Ich finde es auch bezeichnend. Es gibt viele Punkte bei diesem Projekt, die ich inzwischen sehr problematisch sehe. Und gerade die Tatsache, dass dieser Erfahrungsaustausch nicht stattfindet, zeigt für mich, dass es schon sehr stark auf egoistischen Prinzipien gründet. Ganz bezeichnend war bei uns, dass nach den Prüfungen die Gruppe total auseinandergefallen ist. Da war niemand mehr bereit, noch irgendetwas zu investieren. Gerade das Verhältnis zu den Lehrern ist ein ganz zentraler Punkt. Genau da wäre es sehr wichtig gewesen, dass ein Erfahrungsaustausch stattfindet zwischen den Generationen. Dann wäre auch die Darstellung der Medien nicht so problematisch geworden."

Durch eine Weiterentwicklung, durch einen „über Jahre hinweg andauernden Prozess", wie Dieter ihn sich wünscht, könnte das Niveau, auf dem bei „methodos" gelernt und zusammengearbeitet wird, gehoben werden. Vielleicht ist das

auch notwendig, um eine gewisse Relevanz in der Bildungsdebatte zu erreichen und wirkliche Alternativen zu entwickeln,
wie Lena sagt.

Interessant an dieser Diskussion ist, dass die jeweils „aktuellen" Schüler größtenteils die Meinung vertreten, dass „methodos" keine Kontinuität haben sollte, und Lehrer und ehemalige Schüler gegenteiliger Ansicht sind. Je nach Stellenwert
der Kontinuität im Projekt wird auch die Rolle der Lehrer darin größer oder kleiner.

„Man könnte überlegen, ob unsere sehr schwache Position
bei ‚methodos' nicht eine narzisstische Kränkung von uns Lehrern ist", meinte Hans-Peter einmal in einem Gespräch spaß-
haft. Auch Jan ist der Überzeugung, dass die jetzige Rolle der
Lehrer beziehungsweise das Verständnis der Schüler von der
Lehrerrolle wenig förderlich ist: „Ich glaube, viele Schüler sehen nicht, welche Größe sie haben, wenn sie selbstreflektiert
sagen: ‚An dieser Stelle brauche ich Hilfe', anstatt zu sagen:
‚Ich mache alles alleine, und wenn ich nicht mehr weiterkom-
me, dann ist das eben so.' Wenn man sozusagen die seelische
Größe aufbringen kann zu sagen: ‚Ich brauche Begleitung,
weil ich im Übergang und nicht schon fertig bin. Ich sehe
mich als ein Entwickelnder an, der Hilfe braucht.' Und genauso sind auch Lehrer wie ich auf Hilfen angewiesen, um
weiterzukommen. Das ist ein richtiger Verlust der Möglichkeit, aus Erfahrung anderer schneller zu lernen. Da wird eine
Dynamik unterbunden, das finde ich wirklich traurig. Die
Schüler verzichten auf etwas, auf das sie gar nicht verzichten
müssten, ohne ihre Autonomie aufzugeben. Ich bin inzwischen in Bezug darauf sehr klar geworden: Ich habe etwas
durch Erfahrung zu vermitteln. Es braucht eine gegenseitige
Bereitschaft, sich anzuhören. Und wenn die nicht da ist, will
ich nicht arbeiten. Diese Dynamik, dass jeder zwangsläufig

durch sein Alter in einer Art Erfahrungshierarchie steht, das ist etwas, das ich bei ‚methodos' vermisse. Das widerspricht dem Augenhöheprinzip in keinster Weise."

Das Verständnis der Schüler von der Lehrerrolle ist sehr individuell und auch in jeder Gruppe anders. „Das kann in dem einen Jahr durchaus auch demokratische Züge haben, im nächsten Jahr jedoch zum reinen Abiturvorbereitungskurs werden", meinte Dieter. Doch wenn „methodos" zum Abiturvorbereitungskurs oder auch Nachhilfeverein verkommen würde, würden viele Lehrer aussteigen. Die ursprüngliche Idee der Selbstständigkeit und Eigenverantwortung der Schüler und dass hier neue Wege des Lernens erprobt werden sollen ist ihnen sehr wichtig und der Grund, warum sie bei „methodos" unterrichten. Deshalb wünschen sich viele Lehrer, dass es bei „methodos" ein Konzept gibt, etwas, das die grundlegenden Werte und Ideen festschreibt und sicherstellt, dass die Vorstellungen von Schülern und Lehrern eine gemeinsame Basis haben und auch über den einzelnen Jahrgang hinaus bestehen bleiben. Dieses Thema wird, auch im Zusammenhang mit der Kontinuität, immer wieder diskutiert.

Hinzu kommt, dass die Lehrer das Projekt gerne mitgestalten würden. Hans-Peter meinte: „Die demokratische Schule sehe ich zurzeit als erstrebenswertes Ziel. Die Beteiligung der Lehrer, auch die inhaltliche, ist noch zu gering. Aber das ist immer noch besser als zu viel Beteiligung. Die demokratische Schule muss Schritt für Schritt entwickelt werden. Ich hatte es so formuliert: Die Lehrer werden jetzt als gebetene Gäste gesehen, die gegen Honorar arbeiten. Wie bei Vereinen oder Genossenschaften sollten sie aber die Möglichkeiten haben, ihre Vorstellungen zu entwickeln und einzubringen. Natürlich als Mitglieder, mit einer Stimme. Aber es ist kein Schaden, wenn die Schüler Stimmenmehrheit haben."

In dem Konzept, das wir im Winter 2010 ausarbeiteten, aber nicht verabschiedeten, hatten wir festgeschrieben, dass die Lehrer zwar mit wenigen Ausnahmen kein Stimmrecht haben, aber zu vielen Fragen angehört werden müssen. Und zumindest dieser intensive Austausch zwischen Lehrern und Schülern sollte festgelegt werden. Es sollte ein Forum geschaffen werden, in welchem Schüler und Lehrer sinnvoll miteinander diskutieren können, wie auch Dieter meint. Denn letztendlich ist die Frage, wie viel Beteiligung der Lehrer richtig ist, in welcher Form sie stattfindet und wie viel Kontinuität das Projekt braucht, eine Gratwanderung. Ich kenne die richtige Lösung nicht. Aber diese Frage muss in einer Runde offen diskutiert werden, an der alle beteiligt sind, in der alle gehört und in ihren Bedürfnissen beachtet werden. Diese aktive Kommunikation muss die gemeinsame Basis sein. Was dann aus dem Gespräch entsteht, ist offen. Und nur, wenn wir das vorleben, können wir von „methodos" behaupten, es sei ein Pionier-Projekt.

Die Zukunft des „methodos"-Projektes

„methodos" ist eine Haltung, keine Institution

Die Zukunft des „methodos"-Projektes hat schon begonnen. Zwischen dem Moment, in dem ich dies hier auf einer Bank im Halbschatten eines großen Baumes vor der Universitätsbibliothek in Freiburg schreibe, und dem Augenblick, in welchem Sie es lesen, hat sich „methodos" wieder verändert und weiterentwickelt. Es hat sich schon eine neue Gruppe von Schülern zusammengefunden und darangemacht, eigene Ideen und Visionen zu entwickeln und umzusetzen. Noch kenne auch ich nicht alle dieser neuen Bildungsvisionäre und weiß dementsprechend nichts darüber, welche Formen und Farben „methodos" im nächsten Herbst annehmen wird. Die Zukunft von „methodos" ist nicht vorhersehbar und noch weniger planbar, solange es durch jeden Schüler der Gruppe definiert wird. Und das macht schließlich „methodos" aus.

Ich kann nur über die Zukunftsvisionen der Schüler, die schon nicht mehr dabei sind, und der Lehrer schreiben. Doch diese werden nur dann von Bedeutung für „methodos" sein, wenn die neuen Schüler bereit sind, ihren Vorgängern zuzuhören. Bereits mehrmals habe ich die Diskussion um Kontinuität im Projekt erwähnt und die gegensätzlichen Meinungen dargestellt. Meine eigene Hoffnung ist, dass die zukünftigen „methodos"-Gruppen die Erfahrungen ihrer Vorgänger nutzen werden. Das muss die Veränderbarkeit des Projektes gar nicht einschränken. Im Gegenteil: Mit den Erkenntnissen der Vorgänger können sich ganz neue Perspektiven eröffnen. Freiheit und Autonomie bewegen sich auf einer höheren Ebene, man kann das Projekt weiterentwickeln, und es werden neue Kapazitäten frei, sich mit der Frage nach dem Wie zu beschäftigen. Welchen Weg die Gruppe wählen wird, bleibt voll und ganz ihr überlassen. Die Vorgänger sollten auch einzig ihre Erkenntnisse weitergeben wollen und auf Ratschläge verzichten. Die neue Gruppe kann aus deren Erfahrungen ihre eigenen Schlüsse ziehen.

Vieles bei „methodos" könnte verbessert werden. Dieses Potenzial wird nicht genutzt, wenn jede Gruppe dieselben Fehler wieder macht. Das ist heute jedoch zum Teil der Fall, obwohl sich das Projekt jährlich auch tief greifend verändert. Lena meinte, dass jede Gruppe das gleiche Muster durchläuft, welches, um „methodos" zu gesellschaftlicher und politischer Relevanz zu führen, durchbrochen werden müsse. Nicht nur sie fordert die Weiterentwicklung und einen fortwährenden Prozess. Der erste notwendige Schritt in diese Richtung wäre eine ausführliche Übergabe des Projektes von einer Gruppe an die nächste, ein Austausch zwischen alten und neuen Schülern darüber, wie sie das Projekt angegangen sind, welche Werte die gemeinsame Grundlage waren und welche Erfahrungen die Schüler gesammelt haben. In diesen Erfahrungsaustausch könnten auch die Lehrer mit einbezogen werden. Was die neue Gruppe dann mit diesem Wissen anfängt, ist ihr überlassen. Außerdem wäre für einen fortwährenden Prozess eine gute Vereinsführung notwendig sowie die Verschriftlichung der Erfahrungen der jeweiligen Gruppe, beispielsweise in Form eines Projekttagebuches.

Man könnte den Erfahrungs- und Wissensaustausch auch ausweiten, sodass nicht nur der eine Jahrgang das Projekt an die nächste Gruppe übergibt, sondern dass eine alle Jahrgänge und die Lehrer einbeziehende Reflexion stattfindet. Daraus könnte eine tief gehende Evaluation hervorgehen. Die grundlegenden Ursachen für Probleme könnten erforscht und neue Möglichkeiten und Wege entdeckt werden. Und das könnte noch weiter führen: Die „Methodosler", zu denen ich hier sowohl aktuelle als auch ehemalige Schüler und auch Lehrer zähle, könnten sich mit Wissenschaftlern und Pädagogen austauschen, was das Lernen und die Bildung angeht. Diese haben, da sie sich lange mit den Themen auseinandergesetzt haben, in ihrem Denken eine ganz andere Tiefe und Perspektive, als dies uns als Oberstufenschüler möglich ist. Unser Modell des Ausprobierens könnte deren Modell des Nachdenkens und Forschens ergänzen. Wir Schüler müssten nicht alles selbst entwickeln, sondern könnten von ihrem schon vorhandenen Wissen und von ihren Erkenntnissen profitieren.

Das Besondere an „methodos" ist, dass wir es einfach tun. Wir versuchen, es besser zu machen als an den Schulen, von denen wir als Schüler kommen. Aber dieses Bessermachen könnte eine höhere Qualität erreichen, wenn wir bereit wären, mit erfahrenen Menschen in Austausch zu treten. Die Methoden würden nach wie vor von uns weiterentwickelt und an die Realität und unsere Bedürfnisse angepasst werden. Das könnte sich dann aber auf einem höheren Niveau bewegen, als wenn wir das alles selbst mühsam entwickeln müssten. „methodos" könnte sich zu einer Experimentierzelle entwickeln, in welcher durch das Zusammenspiel von durchdachten Ideen und dem Erproben derselben im Alltag Lernen ganz neu und immer anders möglich wäre. Eine Experimentierzelle, in der neue Methoden entwickelt werden, die durch ihre hohe Flexibilität und ständige Bereitschaft, sich zu verändern und die gleichzeitig sehr guten Methoden ein Lernfeld wäre, das den Bedürfnissen jeden Schülers entspräche. Dadurch könnte, denke ich, eine enorme Steigerung der Lernqualität bei „methodos" erreicht werden. Denn: „Ein Punkt, an dem man etwas genauer hinschauen könnte, ist die Art und Weise, wie ihr bei ‚methodos' lernt. Mir ist es sehr traditionell vorgekommen, obwohl die Lernbegleiter einen starken Rollenwechsel durchgemacht haben. Bei den einzelnen Strategien, wie man etwas lernt, da gibt es noch Potenzial", sagt Max Woodtli. Würde dieses Potenzial ausgeschöpft, könnte „methodos" zu einer Denk- und Experimentierfabrik für Bildung werden. Nicht viele Bildungseinrichtungen haben diese Möglichkeiten, die „methodos" hat: die hohe Flexibilität und die direkte Umsetzung der Bedürfnisse der Schüler. Die Ideen und Methoden, die innerhalb einer so umfassend arbeitenden „Experimentierzelle ‚methodos'" entstehen, hätten das Potenzial für eine Bildungsrevolution. Denn wo sonst wäre es möglich, dass Schüler sich mit Wissenschaftlern zusammensetzen, um deren Ideen selbst in der Realität zu erproben und dann weiterzuentwickeln? Es wäre Pionierarbeit, die auch von anderen Bildungseinrichtungen übernommen werden könnte.

Doch vor allen anderen würden die „methodos"-Schüler davon profitieren. Sie würden ganzheitliche Bildung erfahren, sich selbst kennenlernen und viel mehr noch als jetzt ihrer Wesensart entsprechend lernen. Lernen würde jeden Zwang verlieren und zu etwas Selbstverständlichem. Wichtiger Lebensinhalt eines Menschen und wichtiger Bestandteil des Menschseins eines Menschen: Das ist es, was Bildung sein sollte. In dieser Hinsicht könnte die Persönlichkeitsbildung, die jetzt schon bei „methodos" dazugehört, noch intensiviert und ausgeweitet werden.

Das Potenzial in der Frage „Wie wollen wir unsere Schule und unser Lernen gestalten, wenn wir tun können, was wir wollen?" ist also noch lange nicht ausgeschöpft. Eine andere, ebenso wichtige Frage jedoch stellen wir uns noch gar nicht: „Was wollen wir lernen?"

Die Inhalte, die bei „methodos" gelernt werden, sind das Einzige, was noch beinah identisch ist mit der Regelschule. Hier weicht man kaum von dem staatlich vorgegebenen Lehrplan ab, weil die Schüler ihr Abitur machen möchten, und das möglichst schnell. Die Unabhängigkeit vom Schulsystem, die bei „methodos" organisatorisch und methodisch schon weitgehend erreicht ist, ist hier noch nicht angekommen. Diese Abiturfixierung hat eher wenig mit der Bildung des Menschen und seiner Persönlichkeit zu tun. Könnte man diese konventionellen Grenzen des Lernens über Bord werfen oder zumindest die Einschränkungen sprengen und das inhaltliche Lernen ausweiten, könnte auch hier Persönlichkeitsbildung stattfinden. Denn ganzheitliche Bildung kann nicht alleine durch neue Methoden erreicht werden, sondern muss auch das Wissen des Menschen erweitern und vertiefen.

Das, was schon im „Raum" Wirklichkeit geworden war (siehe Kapitel „Eine Zugfahrt, die ist lustig ..."), könnte bei „methodos" noch ausgeweitet werden: dass man sich mit Themen, die einen persönlich interessieren, intensiv auseinandersetzt, gemeinsam mit anderen.

Um sich dann von der Fixierung auf ein Thema zu lösen und die Perspektive auszuweiten, könnten die Zusammenhänge zu heutigem Geschehen angeschaut werden, damit man lernt, aktuelle Ereignisse ein- und zuzuordnen, sie zu verstehen und daraus eine eigene Urteilsfähigkeit zu entwickeln. Auch das kommt zu kurz im schulischen Lehrplan.

„Ihr braucht keine Praxis, ihr seid Gymnasiasten! Praxis ist etwas für Hauptschüler", sagte ein Lehrer meiner Freundin einmal. Was für eine unglaublich verblendete, arrogante Ansicht! Ich bin gegenteiliger Meinung: Jeder ausgeglichene Mensch braucht auch Praxis und Lebensnähe. Deshalb würde ich nicht nur das theoretische Lernen über die Abiturvorgaben hinausheben, sondern auch auf das praktische Lernen ausweiten, damit man als Ausgleich zum Lernen abstrakter Inhalte auch etwas mit den Händen schafft. Das kann Handarbeit sein: Nähen, Stricken, Weben, Sticken und vieles mehr. Oder Werken: Töpfern, Schnitzen usw. Oder auch Gartenarbeit. Hier kommt ein weiterer wichtiger Aspekt hinzu: die Naturerfahrung. Im Zeitalter hoch entwickelter Technologien, boomender Städte und der Versorgung von Massen durch Maschinisierung der Landwirtschaft hat sich der Mensch immer weiter von der Natur entfernt. Doch gehören auch der Kontakt zu unser aller Lebensgrundlage und ein Bewusstsein für unser Eingebunden- und Abhängigsein in die und von der Natur und ihrer Kreisläufe zu ganzheitlicher Bildung.

Neben dem intellektuellen und dem praktischen Bereich menschlichen Lernens darf auch ein dritter nicht vergessen werden: der kreative. Deshalb spreche ich auch der Kunst einen hohen Stellenwert zu, egal, ob man sie betrachtet oder selbst kreativ wird beim Malen, Musizieren, Tanzen und anderem.

Im ersten „methodos"-Jahr war dazu sogar noch Platz: Fast jeden Tag war eine Stunde für Kunst reserviert. Elena erzählte dazu: „Ich hatte mit ‚methodos' ganz klar die Hoffnung, dass all das möglich wird, was in diesem tollen Alter denkbar ist: dass man inhaltlich ganz viel schafft, dass man aber auch in einem guten Kontakt gemeinsam lernt. Für mich war auch ein ganz wichtiger Punkt, dass man nicht nur im Hirn lernt. Das hatte ich aus meinem Abitur mitgenommen, das Gefühl, man wird total vernagelt, wenn man die ganze Zeit nur an diese Prüfungsaufgaben denkt. Das war der Grund, warum ich mich sehr dafür eingesetzt habe, dass wir diesen künstlerischen Teil mit aufnehmen. Wir hatten jeden Tag eine volle Stunde Kunst. Da haben wir getanzt, gefochten, gesungen, alles Mögliche gemacht. Das war mir ein großes Anliegen: dass Bildung stattfindet, die ganzheitlich ist. Abitur mit voller Berechtigung: Ja! Aber eben nicht nur. Damit verbunden war auch meine wachsende Begeisterung für die Gruppenprozesse und Persönlichkeitsentwicklung im weitesten Sinn."

Noch ist „methodos" ein reiner Oberstufenersatz, in dem das Lernen für das Abitur selbstverwaltet stattfindet und damit etwas freier und anders ist und wo gleichzeitig soziale Kompetenzen stärker ausgebildet werden als an der Regelschule. Doch es hat das Potenzial zu mehr: Als Bildungsfreiraum im Schulsystem könnte hier breite und ganzheitliche Bildung stattfinden. Das Abitur könnte als Nebenprodukt immer noch angestrebt werden, doch das eigentliche Ziel wäre die Persönlichkeitsbildung. Es würde Menschen mit weitem Horizont und vielfältigen Fähigkeiten hervorbringen und keine „Fachidioten".

Das Abitur taugt zur Bescheinigung der Reife eines jungen Menschen wenig, und dennoch ist es als große Prüfung am Ende der „methodos"-Zeit das angestrebte Ziel. Um diese Monopolstellung zu brechen, von der Abiturfixierung wegzukommen und den damit einhergehenden negativen Auswirkungen auf die Gruppe – wie beispielsweise das Auseinanderfallen der Gruppe in Einzelkämpfer, die Vernachlässigung der Frage nach dem Sinn oder das ausschließliche „Pauken", je näher das Abitur rückt –, könnte man einen „methodos"-internen Abschluss einführen. Diesen Gedanken hatten schon verschiedene Schüler und Lehrer bei „methodos". Als Ergänzung oder Alternative zum Abitur (da würde ich jedem Schüler die Wahl lassen) würde dieser „methodos"-interne Abschluss die ganzheitliche Persönlichkeitsentwicklung mehr in den Vordergrund rücken und vor allem wertschätzen. Die Fokussierung auf das Abitur würde nachlassen, denn in diesem

Abschluss würden all die Kompetenzen gewürdigt, die ein Schüler während seiner „methodos"-Zeit aufbaut, um dieses Projekt überhaupt erfolgreich auf die Beine zu stellen: die Organisationsfähigkeit, die Sozialkompetenz und die Persönlichkeitsbildung. Zusätzlich könnten auch das Wissen und das Verständnis eines Schülers gefragt sein, aber nicht in Form einer Abiturprüfung. Weitere Möglichkeiten wären die von Lenya genannte Abschlussarbeit oder ein Portfolio. Die Schüler könnten sich intensiv mit einem Thema auseinandersetzen, wären auch in ihrer Kreativität gefragt und müssten nicht möglichst viel auswendig lernen. Eine andere Idee wäre, dass die Schüler als Abschlussarbeit ein Projekt organisieren, in dem sowohl ihre Organisationsfähigkeit als auch ihre Sozialkompetenz und vor allem die persönliche Reife gefragt sind. Das könnte zum Beispiel die Organisation einer Konferenz zum Thema „Hat der arabische Frühling das Potenzial, die arabische Welt in wirkliche Unabhängigkeit vom Westen zu führen?" sein. Die Schüler müssten das nicht nur organisieren, sondern sich auch sehr intensiv mit dem Thema auseinandersetzen, verschiedene Perspektiven und Meinungen aufnehmen. Dabei könnten sie ihre Studierfähigkeit unter Beweis stellen. Das Thema und auch die Frage, ob man es alleine oder mit anderen zusammen bearbeiten möchte, könnten je nach Fähigkeiten und Interesse gewählt werden. Welche Art von Abschluss ein Schüler anstrebt, wäre dann ihm überlassen, das heißt, ob er eher eine Abschlussarbeit schreiben, mündliche Prüfungen ablegen oder ein Projekt organisieren will.

Wenn „methodos" so wie weiter oben beschrieben ausgeweitet würde, sodass bestimmte Themen tief gehend erarbeitet werden, gleichzeitig aber auch viel Wert auf breite Bildung gelegt wird, die sowohl inhaltliches als auch praktisches und kreatives Lernen umschließt, könnten die Schüler selbst bestimmen, ob sie breit oder tief geprüft werden wollen, das heißt, sie könnten entscheiden, ob sie in möglichst vielen Fächern Wissen erwerben und beweisen oder in zwei, drei Fachgebieten sehr tiefgründiges Wissen und Fähigkeiten erlangen möchten. Keine Prüfungsart wäre mehr wert als die andere. Jeder könnte die zu seiner Veranlagung und seinen Interessen passende Form wählen. Auch ob ein Prüfungszeitraum festgelegt wird, man also einen fixen Termin hat, oder ob der Schüler sich mit den Themen auseinandersetzt und dann, wenn er sich bereit fühlt, die Prüfungen ablegt, könnte jeder Schüler selbst entscheiden.

All das wäre die konsequente Weiterführung der Selbstbestimmung und -verantwortung der Schüler und der Relevanz, die sozialer Kompetenz, Selbstständigkeit und Persönlichkeitsbildung zugesprochen wird, denn zu all dem ist der Ansatz in „methodos" schon verwirklicht.

Das alles wäre meine Antwort auf die Frage: „Wie oder was wäre eine wirklich gute Schule?" Und ich weiß, dass viele meiner „methodos"-Kollegen, Schüler wie Lehrer, ähnliche Visionen haben. Aber es gibt auch ganz andere Vorstellungen und Bilder. Die Möglichkeiten, die in „methodos" verborgen liegen, sind ebenso vielfältig wie die Ideen und Hoffnungen der Menschen, die es gestalten. Mögen sich viele der Ideen und Visionen entfalten!

Und was hat sich geändert?
Die Rolle von „methodos" in Gesellschaft und Politik

„„methodos' ist das wunderbare Ergebnis einer aktiven Jugendkultur, und die Geburtswehen dauern noch an", schreibt Dieter in seinem Text, der die Frage behandelt: „Was eigentlich ist ,methodos'?" „methodos" ist ein Stück Zukunft in einer Gesellschaft, der tief greifende Veränderungen bevorstehen. Es ist das Auflehnen und die gelebte Kritik junger Menschen gegen ein ausbeuterisches und unmenschliches System, dessen Ende naht: Krise über Krise erschüttert den kapitalistischen, reichen Westen und lässt den Glauben an das Geld und den Wachstum bröckeln. Weltweit sind junge Menschen aus der Berieselung aufgewacht, aus der Einlullung in schillernde Illusionen, die überall zu finden sind: sowohl in der Schule als auch in jedem Fernsehprogramm, sowohl in der Werbung, die uns das Glück durch Konsum vorgaukelt, als auch in den meisten Politikerreden. „Habe den Mut, dich deines eigenen Verstandes zu bedienen!", sagte Kant. Das hat heute wieder große Aktualität erlangt: Rund um den Erdball sind viele junge Menschen aufgestanden mit dem Mut, sich nicht nur ihres Verstandes zu bedienen, sondern auch ihr Herz sprechen zu lassen und daraus Konsequenzen zu ziehen: den Aufstand gegen das System. Ob in Nordafrika und dem Nahen Osten gegen totalitäre Regime und die Zukunftslosigkeit der jungen Generation protestiert wird oder von Madrid aus eine weltweite Occupy-Bewegung losgetreten wird, die sich lautstark gegen die Herrschaft des Geldes und der Finanzmärkte auflehnt. Ob an vielen Orten der Welt Transition-Town-Initiativen entstehen und sie vor Ort ein kleines Stück Veränderung leben oder ob angesichts eines drohenden Krieges israelische und iranische Menschen einander die Hand reichen und sagen: „We love you! We will never bomb you!" (israellovesiran.com / iranlovesisrael.com) Und wenn im Südwesten Deutschlands, in Freiburg, Schüler beschließen, dem Schulsystem den Rücken zu kehren und eigene Visionen von guter Bildung umzusetzen, dann ist auch das ein Aufstehen gegen Bestehendes und scheinbar Unveränderliches. „Von außen betrachtet erkennt man vor allem eine Lerngruppe, die sich zusammen auf das Abitur vorbereitet. Von innen sieht es dagegen manchmal wie eine WG aus, die zwischendurch ‚Ganztagsschule' spielt. Vor einiger Zeit wurde einmal ein Grundsatz, eine Art Leitbild aufgestellt: ‚methodos' ist eine Gruppe Lernender, in der alle Beteiligten Ausbildung als Selbstbildung und Selbstverwirklichung als Realisierung eigener Gesellschaftsentwürfe und damit als verantwortungsvolle Beteiligung an gesellschaftlichen Prozessen begreifen. Wow! – Wenn das kein Gegenentwurf zu unserer Lernfabrik Schule ist!", schreibt Dieter in seinem Text über „methodos".

Bildung ist ein Bereich, in dem sich diese weltweite Bewegung des Erwachens noch wenig niedergeschlagen hat, wo sie aber viel Potenzial vorfindet, denn will man eine Gesellschaft verändern, muss man bei der Bildung ansetzten. Andersherum ist Schulkritik, wenn man an die Wurzeln des Problems geht, immer auch Gesellschaftskritik. In der Schule spiegeln sich die Probleme einer Gesellschaft wider. Und vor allem: In der Schule wird die Zukunft einer Gesellschaft geformt. Dort werden die Schüler heute in den meisten Fällen in der Rolle der passiven Konsumenten berieselt, mit vorgekautem Wissen abgespeist, das als gegeben deklariert wird, Zweifel und offene Fragen werden nicht beleuchtet. Beweist ein Schüler dann, dass er diszipliniert sein kann und stressresistent ist, kann er in das „echte" Leben entlassen werden und auch dort wieder seine Rolle unter den Konsumenten einnehmen. Der Begriff „Konsumgesellschaft" beschreibt nicht nur den materiellen Aspekt des Verhaltens von Menschen, sondern auch ihren geistigen Zustand: Ob im Fernseher oder in der Schule, überall wird konsumiert. Wir bei „methodos" sind aufgestanden und haben den Kinosaal verlassen, auf der Suche nach uns selbst und unserem Leben.

„methodos" als eine Gruppe von Schülern, die das vorleben, ist ein Aufruf: Nimm deine Bildung selbst in die Hand!

Lass dich nicht länger berieseln! Mach dir Gedanken! Übernimm Verantwortung für dein Handeln! Zweifle und hinterfrage! Entwerfe Visionen! Setze sie um! Gestalte dein Leben selbst aktiv! Triff bewusste Entscheidungen, und tu es selbst! Wenn du etwas kritisierst, dann konstruktiv! Verändere es! Achte auf deine Bedürfnisse, nimm die Menschlichkeit ernst und lass dich nicht in ein System pressen, wenn du nicht hineinpasst!

Auch von den Schulen, Pädagogen und Lehrern fordern wir: Gebt den Schülern Verantwortung und vertraut ihnen! Gebt ihnen die Zeit, ihre Gedanken selbst zu entwickeln! Lasst sie Selbstständigkeit entwickeln und auf eigenen Füßen stehen! Schafft Räume, in denen wahres Lernen, aus einem inneren Drang heraus, möglich wird! Schafft die Angst ab und schafft die Möglichkeit, die Konsequenzen des eigenen Handelns zu spüren! Nehmt die Schüler und ihre kreativen Potenziale ernst! Und: Lasst sie Fehler machen!

„methodos" ist der Beweis, dass eine andere, menschlichere Schule möglich ist. Viele Impulse von „methodos" könnten auch das jetzige Bildungssystem für alle Beteiligten bereichern. Max erzählt dazu: „Ihr seid ein schönes Beispiel dafür, was passiert, wenn man junge, interessierte Leute einmal loslässt, sie selbst machen lässt. Was dabei alles herauskommt, wenn nicht die Lehrperson oder das Bildungssystem ständig sagt, was gut ist für euch! Das wäre ein Impuls, gerade auch für die normalen Schulen: etwas weiter zurückzutreten, etwas mehr Zuversicht in die jungen Leute zu haben, sie sich selbst organisieren und bestimmen zu lassen. Das sind ganz starke Impulse, die man auch in traditionellen Bildungsinstitutionen aufnehmen könnte. Man sollte nicht immer gleich sagen: ‚Es geht nicht! Ich muss die Leute zu ihrem Glück zwingen!' Ihr seid der Beweis, dass es geht. Was ich auch spannend fand: Als ich euch interviewt habe, habe ich euch gar nicht als wahnsinnig überdurchschnittliche Schüler oder Wunderkinder empfunden. Es gab durchaus einige, die hatten Mühe, da vor der Videokamera irgendwie einen gescheiten Satz zu sagen. Und es durfte auch scheitern, das fand ich sehr schön. Das gehört auch zu den Impulsen, die Schulen aufnehmen können: Man tut immer so, als wären die Jugendlichen zu nichts fähig. Dann wird immer alles heruntergebrochen, und kleinschrittig, Punkt für Punkt, werden hunderttausend Regeln erstellt, was man nicht darf. Ständig bekommt ihr zu hören: ‚Ihr müsst!‘ Dass sich da die Motivation einfach verflüchtigt, sollte klar sein, ist aber offensichtlich nicht so klar. Und das ist wiederum ein ganz wichtiger Impuls, den ich von euch mitgenommen habe.“

Für mich ist „methodos“ zudem die Hoffnung, dass eine menschlichere Gesellschaft möglich ist. Die Schüler, die bei „methodos“ waren, dort ihre Freiheit entdeckt und gelernt haben, damit umzugehen, die eigene Visionen entwickelt und umgesetzt haben, sind stark. Sie vertrauen auf die eigenen Fähigkeiten und darein, dass Wandel möglich ist. Jaska sagte: „Man muss es einfach tun, dann geht alles. Nicht aufhören, daran glauben, weitermachen. Alle beklagen sich immer über irgendetwas, und wir haben einfach selbstständig etwas auf die Beine gestellt, etwas durchgezogen. Darauf können wir schon stolz sein. Wenn man wirklich will und daran glaubt, dann schafft man es auch. Es ist vielleicht schwer, sich weiterhin im Leben an diese Erkenntnis zu halten. Aber ich habe es ja schon mal geschafft! Die ganze Zeit bei ‚methodos‘ habe ich mir immer wieder gesagt: ‚Ich schaffe das!‘ Und jetzt weiß ich, ich kann die Welt verändern.“ Für eine menschlichere, zukunftsfähige Gesellschaft sind Menschen, die ein solches Selbstbewusstsein und Vertrauen in sich und die Welt haben, sehr wichtig. Diese auszubilden ist der Beitrag, den „methodos" dazu leisten kann. Mischam antwortete mir auf die Frage, ob „methodos" auch im Großen etwas verändern könne oder „nur" für die einzelnen Schüler: „‚methodos‘ alleine, wie es jetzt gerade ist, wird, glaube ich, nichts bis wenig ändern. Es kann höchstens so viel für die Einzelnen ändern, dass diese dann zusammen die Welt verändern werden."

Noch ist „methodos" ein so „zartes Pflänzchen in der Bildungslandschaft", wie Max es nennt, dass unsere Forderungen von der breiten Masse kaum gehört werden und unser Vorbild außer durch die kurz aufflammende Begeisterung der Medien im ersten Jahr kaum gesehen wird. Die politische Relevanz ist ebenfalls noch sehr gering. Aber: die „methodos"-Idee ist ein Samen, der durch den Wind des Aufwachens und Aufstehens junger Menschen weitergetragen wird und auf dem Nährboden der Unzufriedenheit mit dem Schulsystem und dem Wunsch nach Veränderung an vielen Orten in Deutschland und vielleicht auch weltweit aufgehen kann. „Mein Wunsch für die Zukunft ist, dass immer neue ‚methodos‘-Pflänzchen aufgehen. Die weit verbreitete Schulverdrossenheit würde den Samen immer weiter tragen, immer neue ‚Schülerschulen‘ würden entstehen. Erst dann wird für weite Kreise richtig erkennbar werden, wie unzufrieden die Lernenden mit unserem immer noch so menschenverachtenden Schulsystem sind", schreibt Dieter. In manchen deutschen Städten beginnen erste „methodos"-Samen zu keimen. Jedes Pflänzchen, das entsteht, wird anders sein. Jedes wird die Formen und Farben der Wünsche, Hoffnungen und Visionen der Schüler und Lehrer haben, die es umsetzen. „Mein Traum ist, dass es so etwas wie der Arabische Frühling für die Bildung wird!", sagt Max. Ein Frühling der Blumen, die alle verschieden sind! Es würde eine große Vielfalt in der Bildungslandschaft entstehen, so bunt wie die Menschen, die aktiv werden. Und unser Ruf würde lauter werden.

Es gibt heute neben der staatlichen Schule schon viele Privatschulen, die unterschiedlichste Ideen und Ansätze verfolgen, jedoch bisher nur zwei, die wie „methodos" arbeiten. Würde auch die Vielfalt dieser von Schülern gestalteten Schulen zunehmen, könnten wir wegkommen von den Schulfabriken, in denen 500 Schüler und mehr in ein gleiches System gepresst werden.

Ob tatsächlich einmal das „Schulschlachtschiff", wie Dieter es nennt, sinken wird, weil es viele andere Lernorte wie „methodos" gibt, weiß ich nicht. Aber mit Sicherheit wird es dann in der Öffentlichkeit gesehen und diskutiert werden. Dieter sagte: „Ich glaube und hoffe, dass viele ‚methodos'-Gruppen hier in Baden-Württemberg sehr viel Aufmerksamkeit erlangen vor den Schulbehörden. Allein schon, weil man in der Praxis dafür sorgen müsste, dass die Schüler alle an irgendeiner Schule ihre Prüfungen machen können. Das ist ein ziemlicher Aufwand, und je mehr Gruppen es wären, desto größer wäre der Aufwand und umso mehr Wirbel würde es verursachen. Vielleicht gäbe es dann eine öffentliche Diskussion darüber, weshalb die Schüler aus unserem ach so tollen Schulsystem aussteigen, das ja eines der tollsten überhaupt ist. Man müsste sich dann fragen: Warum steigen diese Schüler aus und nehmen den Stress auf sich, das Ganze für sich alleine vorzubereiten? Es wird vielen wahrscheinlich auch dann erst wirklich bewusst werden, dass unser bestehendes Schulsystem unsinnig ist. Das ist die Hoffnung, die ich mit dem Pflänzchen ‚methodos' verbinde."

Und Max antwortete mir auf die Frage, wie er die Zukunft von „methodos" sieht und ob er meint, dass es auch „im Großen" umgesetzt werden könnte: „Unbedingt! Das ist meine ganze Motivation, auch wenn es manchmal langsam geht. Ich bin kein Fantast, der sagt: Morgen ist alles anders und jetzt müssen wir mit ‚methodos‘ alles so umkrempeln, dass nächstes Jahr schon das ganze Bildungssystem anders funktioniert. Aber im Sinn von kleinen Schritten zum Ziel finde ich das einen sehr gut möglichen Weg, Neues auszuprobieren, mit Neuem zu experimentieren, einen neuen Ansatz zu finden, wie Lernen auch gehen kann. Ich bin überzeugt, dass das im Großen funktionieren kann. Ich sage nicht: Alle sollten nach dem Vorbild von ‚methodos‘ lernen. Aber wenn es nur eine einzige Möglichkeit gibt, wie man sich Bildung aneignen kann, dann ist das meiner Ansicht nach zu wenig. Ich bin überzeugt: Es gibt viele Jugendliche, die das auch hinbekommen würden, so wie ihr. Nur fehlen ihnen irgendwie die Anfangsstrukturen, der erste Schritt. Und darum denke ich, dass sich so ein Projekt wie ‚methodos‘ auch im Großen umsetzen ließe. Vielleicht etwas modifiziert – wenn es größer gedacht wird, muss man sich ein paar Gedanken mehr machen, wie man das organisieren möchte, aber ohne dabei die Substanz zu verlieren. Ich bin überzeugt, dass es viele Leute gibt, die gerne so lernen würden! Und die, die das nicht wollen, die sollen im traditionellen Bildungssystem bleiben. Ich habe den Wunsch, dass es Angebote und Möglichkeiten gibt, so zu lernen, wie ihr es bei ‚methodos‘ tut. Und vielleicht bräuchte es da zusätzlich Privatinitiativen, um solche Pflänzchen noch weiter zu pflanzen in ganz Europa. Ziel wäre, dass die Bildung nicht mehr eine reine Staatsangelegenheit ist, sondern auch von privaten Trägern gefördert wird, wie es ja auch schon teilweise der Fall ist. Man müsste sich mehr Gedanken darüber machen, wie genau das aussehen sollte, damit dort tatsächlich auch die Kompetenzen gefördert werden könnten, die helfen, sich den Herausforderungen von heute zu stellen. Dabei sollten auch Bereiche wie die Kunst eine Rolle spielen, dass zum Beispiel Theaterpädagogen, die sich mit Lernen befassen, Ideen mitgeben, um solche Initiativen in einem größeren Ausmaß zu ermöglichen. Dazu braucht es materielle Ressourcen wie Geld, aber eben auch andere: gute Ideen, experimentierfreudige Leute, Mäzene, denen es wichtig ist, dass die Bildung auch auf anderen Wegen vermittelt werden kann. Wichtig wäre dabei, das alles nicht nur zu denken und in Büchern zu schreiben, sondern es tatsächlich auch zu tun.

Wenn diese Idee im Großen umgesetzt werden sollte, denke ich an kleine Einheiten, die stark vernetzt sind. ,methodos' in Groß sollte nicht bedeuten, dass es große Einheiten sind, wie wir sie heute haben, also Schulen mit tausend Schülern beispielsweise. Ich sehe es eher dezentral, mit flachen Hierarchien, netzwerkartig organisiert. Kleine Zellen, die aber eng miteinander kooperieren. Kleine Einheiten, hoch flexibel, keine großen Bürokratien im Hintergrund. Aber in den Ideen, da möchte ich groß denken und visionär." In seinem lustigen Schweizer Akzent, den ich so mag, dehnt er das Wort „visionär" so aus, dass ich mir die Größe davon genau vorstellen kann.

Um eine politische Relevanz und Schlagkraft zu erreichen, müssten sich die verschiedenen „methodos"-Gruppen gut vernetzen, wie auch Max meint. Zwar kann jede Gruppe unabhängig von anderen ihr eigenes Projekt gestalten. Aber für den Erfahrungsaustausch, für gegenseitige Hilfe und vor allem, um eine gemeinsame politische Forderung zu formulieren, müsste es ein Vernetzungsgremium geben. Dann könnte der „methodos"-Gedanke zu einem wichtigen Schritt und Schrittmacher in Richtung einer menschlicheren, vielfältigeren, zukunftsfähigen Bildung und Gesellschaft werden. In einer solchen Gesellschaft hat die Masseninstitution Schule keinen Platz mehr.

Bildung ist bunt:
Zukunftsvisionen für die „methodos"-Idee

Im Elztal, nicht weit entfernt von Freiburg, ist schon ein erster „methodos"-Samen aufgegangen. Dort hat eine erste mutige Gruppe Schüler damit begonnen, den „methodos"-Gedanken auf ihre Weise weiterzuspinnen. Daraus ist „AbiPlus" entstanden. Die Idee, „AbiPlus" zu gründen, kam Benjamin Ruh. „Er war zwölf Jahre lang auf der Freien Schule Elztal e. V.", erzählte mir Diemut, die Öffentlichkeitsbeauftragte der Gruppe. „Aber dort kann man nur den Realschulabschluss machen. Also hat er überlegt, für das Abitur zu ‚methodos' zu wechseln. Er hätte dort innerhalb eines Jahres sein Abitur machen und dann studieren können. Aber dann kam ihm der Gedanke, dass er gerne am Maxhaus (so wird die Freie Schule Elztal auch genannt) das Abitur ermöglichen würde. Zum einen aus dem praktischen Grund, dass er dann nicht immer nach Freiburg fahren müsste, aber auch, damit Schüler dort ihr Abitur ablegen könnten. Außerdem haben ihm bei ‚methodos' ein paar Aspekte gefehlt: Er wollte sich nicht so sehr auf das Abitur fokussieren, wollte mehr in Projekten lernen und legte viel Wert auf die Persönlichkeitsentwicklung." Der Gedanke wurde immer konkreter und begeisterte auch andere, größtenteils ehemalige Maxhaus-Schüler. Nach ein paar Wochen waren sie schon zu siebt und fassten den Beschluss, „AbiPlus" ins Leben zu rufen. „Wir wollen nicht nur unseren Kopf weiterbilden und das Abi machen, sondern wir hatten Lust, diese zwei Jahre so zu gestalten, dass wir uns als ganzer Mensch entwickeln können und es interessant wird. Die Anbindung an die Elztal-Schule war uns sehr wichtig, damit dort das Abitur möglich wird", erzählte Diemut weiter. Daher auch der Name „AbiPlus": Die Schüler wollten einerseits das Abitur machen, sich aber auch darüber hinaus bilden. „Wir legen viel Wert auf diesen ‚Plus-Teil‘, wie wir es nennen", sagte Dietmut. Der Grundgedanke ist der Gleiche wie bei „methodos": „Wir wollen Eigenverantwortung übernehmen und nicht immer vom Lehrer alles vorgegeben bekommen. Wir wollen unsere Bildung selbst gestalten, wie es für uns individuell richtig ist." Aber in der konkreten Ausgestaltung dieses Gedankens unterscheiden sie sich von „methodos": „Unser Konzept ist, dass wir nicht nur Lernstoff durchnehmen wollen, also nicht nur in einem Jahr das Abitur schaffen möchten. Deshalb haben wir uns zwei Jahre Zeit genommen, um noch zwei andere Elemente mit dazuzunehmen: einmal einige Projekte, für die wir uns immer wieder einige Wochen Zeit nehmen, in denen keine Abiturvorbereitung stattfindet, sondern eben ein Projekt realisiert wird. Das zweite Element ist das der Persönlichkeitsentwicklung, was uns sehr wichtig ist. Wir denken, Bildung ist nicht nur Lernen und Schulstoff, sondern das ist auch die Entwicklung unserer eigenen Persönlichkeit, dass wir ganz anwesend sein können und angenommen werden in unserem Menschsein. Deshalb haben wir jeden Freitag von elf bis ein Uhr Zeit für Reflexionen mit unserem Supervisor. Selbst wenn ich privat ein Problem habe, kann ich mich da aussprechen.

Wir nehmen uns viel Zeit für das, was während dieser zwei Jahre außer der Abiturvorbereitung passiert, Zeit für Entwicklungen, Erkenntnisse und Lernmethoden. Letztere sind auch sehr wichtig, wir reflektieren mit Jan Lefin, dem Begleiter für das inhaltliche Lernen, die Methoden. Wir schauen dann, wo der Einzelne seine Schwächen hat und fragen uns: Was liegt da vor, wo ist das Problem? Aus diesen Erkenntnissen heraus arbeiten wir an den Methoden, damit der Einzelne seine Ergebnisse verbessern kann."

Bei „AbiPlus" haben sie ein detailliertes Konzept ausgearbeitet, in welchem festgehalten ist, dass sich das Projekt aus drei gleichwertigen Teilen zusammensetzt: dem inhaltlichen Lernen, der Organisation und der Persönlichkeitsentwicklung. Für jeden der Bereiche gibt es einen Begleiter. Außerdem legten sie zu Beginn des Schuljahres fest, wie viele Wochen Projektzeit sie einplanen und wie viel Zeit für die Abiturvorbereitung. Alle zwei bis drei Monate gibt es mehrere Projektwochen am Stück, zu denen auch ein Auslandsaufenthalt im Sommer zählt. Zusätzlich sind zwei Arbeitsblöcke festgelegt, die jeweils sechs Wochen umfassen. In dieser Zeit geht jeder Schüler arbeiten. „Diese Arbeitsblöcke sollen einerseits der Finanzierung des Projektes dienen und andererseits der Praxis und Erfahrung in der Arbeitswelt", erklärte Diemut.

Der Lernalltag bei „AbiPlus" ist detailliert strukturiert. Die Fächer werden in Intensivwochen bearbeitet: „Von Montag bis Freitag haben wir ein Fach intensiv, beispielsweise Geschichte. Da ist dann von neun bis elf Uhr der Geschichtslehrer da und von 14 bis 16 Uhr arbeiten wir selbstständig an dem Thema. Zwischen elf und ein Uhr haben wir durchlaufende Fächer: Mathematik, Spanisch, Englisch, Organisation und Reflexionen. Diese Dinge brauchen Kontinuität, die kann man nicht ausschließlich in Epochen bearbeiten."

Wie bei „methodos" ist bei „AbiPlus" ein wichtiger Aspekt, dass die Lehrer als Lernende angesehen werden. Doch „AbiPlus" ist da noch ein Stück konsequenter: „Deshalb haben wir auch Studenten angestellt, die uns unterrichten. Sie können dann während ihres Studiums schon praktische Erfahrungen sammeln und haben bei uns einen Mentor, der Erfahrung hat und den Studenten begleitet."

Mit den Abiturprüfungen am Ende der beiden gemeinsam verbrachten Jahre ist „AbiPlus" dann aber noch nicht beendet.

Es gibt darüber hinaus das „Dritte Jahr": „Wir haben uns verpflichtet, in diesem dritten Jahr noch Kontakt zueinander zu
halten, egal, was wir dann machen und wo wir sind, um uns
darüber auszutauschen, was der Einzelne mit seiner Zeit bei
‚AbiPlus' und dem, was er hier gelernt hat, anfängt und wie er
davon profitiert. Falls sich dann eine neue Gruppe bilden sollte,
wollen wir ihnen auch ein bisschen helfen. Und ganz pragmatisch sieht es im Moment so aus, als ob wir in diesem dritten
Jahr erst einmal unsere Schulden abarbeiten werden, die wir
während der zwei Jahre gesammelt haben", sagte Dietmut.

Ein weiterer wichtiger Unterschied zu „methodos" ist die
rechtliche Form: Sie sind ein Betriebszweig der Freien Schule
Elztal e. V., haben aber eine eigene Geschäftsordnung. In dieser
sind die Entscheidungsbefugnisse detailliert festgehalten. Sie
liegen größtenteils bei den Schülern, die Lehrer haben ein An-
hörungsrecht und bei Fragen, die sie persönlich betreffen, die
Möglichkeit, ein Veto einzulegen. Die Anbindung an die Elztal-Schule hat einen ganz praktischen Vorteil für „AbiPlus":
Ihr organisatorisches Risiko und der Aufwand sind geringer –
sie müssen sich beispielsweise nicht extra um einen Raum
bemühen – und dadurch werden mehr Kapazitäten frei für all
die Lernprojekte.

Die straffe Struktur, die sich „AbiPlus" gegeben hat, ermöglicht ihnen in vielen Punkten, effektiver zu arbeiten als
der Chaos-Club „methodos". Dennoch stößt auch diese
Struktur an ihre Grenzen, und nicht alle Ideen können verwirklicht werden. „Wir mussten jetzt von jedem Projektblock
eine Woche einkürzen, weil wir gemerkt haben, dass wir mit
dem Lernstoff sonst nicht durchkommen", erzählt Diemut.
„Für Geschichte brauchten wir zum Beispiel eine Woche länger, aber dafür hatten wir laut Konzept keine Zeit. Da ist
dann bei einigen eine innerliche Enge entstanden und das

Gefühl, dass wir nicht genug Unterricht haben, um alles unterzubringen. Uns ist es sehr wichtig, auf solche Gefühle zu reagieren und nicht das Konzept durchzuboxen. Deshalb haben wir jetzt eben mehr Unterricht veranschlagt. Diese Flexibilität ist sehr wichtig, dass wir uns immer wieder fragen: Passt das noch, was wir uns vorgenommen haben? Wir dürfen nicht nur auf das Konzept, sondern müssen immer auch auf den Menschen schauen."

Trotzdem verlangt das straffe Konzept von allen viel Disziplin. „Wir haben nur die Hälfte der Zeit wie die Gymnasiasten für den Inhalt eingeplant, weil wir gesagt haben, wir arbeiten doppelt so effektiv", meinte Diemut. Erst dadurch wird es möglich, dass sie so viele Projekte nebenher realisieren. Aber sie wollen nicht nur doppelt so effektiv arbeiten, sondern auch alles wirklich verstehen. Und das geht dann eben doch oft länger als gedacht. „In den sieben Stunden, die wir täglich eingeplant haben, kommen wir meistens nicht durch mit dem Stoff. Deshalb muss ich dann täglich noch ein bis drei Stunden zu Hause arbeiten. Viele Tage bin ich deshalb neun bis zwölf Stunden mit Lernen beschäftigt." Auf meine Frage, woher sie die Disziplin nehmen, das auch durchzuziehen, meinte Diemut: „Das muss sein, da stellt sich gar nicht die Frage. Einerseits, weil wir unseren Lehrern sagen, dass wir den Unterricht haben wollen, und es ist mir echt peinlich, wenn dann ein Viertel der Schüler nicht vorbereitet ist. Der Lehrer würde zwar nichts sagen, weil es in unserer Verantwortung liegt. Aber es geht uns auch selbst auf die Nerven, wenn jemand sich aus Faulheit nicht vorbereitet hat. Du bist der Gruppe gegenüber verpflichtet, vorbereitet zu sein, sonst hältst du sie auf. Aber auch dir selbst fehlt der Stoff dann, und du bist ja darauf angewiesen. Es ist ein Gruppenzwang und Zwang für uns selbst, den wir uns da aufbauen.

Eigentlich war es schon unser Ziel, dass wir alle auf dem gleichen Stand sind, weil es einfach günstiger ist, wenn der Lehrer einheitlich Unterricht machen kann und jeder mitkommt. Aber das hat nicht funktioniert. Die Aufnahmefähigkeit und Lernweise der Einzelnen ist so verschieden. Manche lernen besser mit dem Lehrer, andere durch Eigenarbeit und wenn sie sich selbst etwas durchlesen und so weiter. Deshalb können einige auch manchmal sagen, dass sie nicht am Unterricht teilnehmen wollen, weil ihnen das gerade nichts bringt. Dann sind sie auch von ihrer Pflicht, sich vorzubereiten, befreit. Aber im Unterricht wird nach wie vor nach Plan gearbeitet, und du musst dich daran orientieren, wenn du in der Gruppe mitarbeiten willst. Wenn du hinterherhinkst, musst du eben mehr lernen. Allerdings kann die Gruppe gemeinsam beschließen, vom Plan abzuweichen, und dann tun wir das auch."

Die straffe Struktur von „AbiPlus" hat einige Vorteile gegenüber der lockeren Form bei „methodos", sie hat aber auch ihre Nachteile. Dieter, der sowohl bei „methodos" als auch bei „AbiPlus" Mathematik unterrichtet, hat beobachtet, dass die straffe Form und die Verpflichtung jedes Schülers eher weiterführende, tiefer gehende Gespräche im Unterricht ermöglichen, als wenn jeder an seinem eigenen Problem knabbert, wie es bei „methodos" oft der Fall ist. Dennoch stellt er andererseits auch fest, dass sie oft auf den Lernstoff, den sie gerade auf dem Stundenplan stehen haben, gar keine Lust haben und dafür wenig aufnahmefähig sind. Sie beschäftigen sich dann trotzdem damit, weil sie es so verabredet haben. Diese Gefahr besteht bei der auf das Individuum ausgerichteten, unstrukturierten Lernweise von „methodos" nicht. Im Prinzip wäre eine Mischform dieser beiden Projekte perfekt. Doch auch dann würden wahrscheinlich wieder andere Probleme auftauchen.

Das heißt: Jeder Schüler muss für sich schauen, welche Form für ihn am besten passt.

Das Schöne ist, dass „AbiPlus" von den Erfahrungen von „methodos" profitieren kann, wie auch Diemut mir immer wieder bestätigte. So trafen sich beispielsweise die beiden Gruppen einmal und die „Methodosler" erzählten den Leuten von „AbiPlus", wie die externen Abiturprüfungen ablaufen und was es da alles zu beachten gibt.

Auch „AbiPlus" ist eine Zelle, in der viele Erfahrungen gemacht werden mit der Verwirklichung eigener Ideen und Vorstellungen. Jede weitere Gruppe, die sich gründen wird, kann daher von den Erfahrungen zweier Gruppen profitieren, einige Fehler vermeiden und so Hindernisse umschiffen.

Schüler aus der Gegend von Freiburg, die beschließen, die Schule zu verlassen, um ihre Bildung in die eigenen Hände zu nehmen, haben nun schon drei Möglichkeiten, das zu tun: Sie können zu „methodos" gehen oder zu „AbiPlus" oder sie gründen ihre eigene Gruppe. Je mehr solcher Projekte es gibt, desto größer wird die Vielfalt sein, denn keine Gruppe wird einer anderen gleichen. Je größer die Vielfalt ist, desto besser wird jeder Schüler genau die Gruppe finden können, zu der er passt und wo er seine Bedürfnisse, Ideen und Hoffnungen erfüllen und umsetzen kann.

Die „methodos"-Idee ist aber nicht nur als Schulersatz zu denken, sondern auch darüber hinaus relevant. Als Freiraum, in welchem Bildung in Selbstverantwortung der Lernenden stattfindet, kann es auch als eine Alternative zum Uni-Betrieb gedacht werden. Jan hat dazu die Idee der „Mini-Universität" entworfen. Er erzählt, wie dieser Gedanke entstanden ist: „Ausgangspunkt der Idee ist das freie Studium, welches als Projekt 1992 in Dornach von der Jugend-Sektion im Goetheanum gegründet wurde. Einige Studenten wollten ein freies Studium möglich machen. Sie haben sich bundesweit Professoren gesucht, mit denen sie Themen abgesprochen haben, die sie in Eigenregie bearbeiteten, dann in einer kleinen Gruppe durchgingen und am Ende mit dem Professor weiterführten. Das war damals ein Ausgangspunkt für mich. 1998 gab es Studentenstreiks, und ein Freund und ich haben dann die Freie Uni Marburg gegründet, die es dort zwei Jahre lang gab. Wir haben die Seminare selbst organisiert und Dozenten dazu eingeladen. Auf diesem Hintergrund kam mir die Idee, das ‚methodos'- oder ‚AbiPlus'-Prinzip beizubehalten, aber frei von den inhaltlichen Fesseln des Abiturs. Konkret wäre es eine Forschungsfrage, die man hat, oder ein Thema, das einen interessiert. Dann sucht man sich einen Menschen, beispielsweise einen Professor, der einen persönlich darin begleitet, und arbeitet an diesem Thema weitgehend eigenständig. Aber man ist immer im Austausch mit einer Gruppe von anderen Studenten, von denen jeder mit seinem eigenen Thema beschäftigt ist. Die Gruppe dient als Reflexionsebene für diese Themen, die jeder einzeln bearbeitet. Das heißt, dort stellt man sein Thema vor und schaut, was die anderen dazu sagen. Dadurch ist man nicht so auf seinen Fachbereich eingeschränkt, wie es an der Uni oft der Fall ist und was ich dort so schwierig finde. Wenn ich an der Universität Geschichte studiere, unterhalte ich mich ja im Wesentlichen mit Geschichtsstudenten. An dieser ‚Mini-Universität', wie ich sie mir vorstelle, würde man sich mit dem geschichtlichen Thema, das einen interessiert, intensiv auseinandersetzen, aber dieses auch im kleinen Kreis der Gruppe vorstellen, die sich dann damit beschäftigt. Und anschließend nimmt man sich ein Problem aus der Physik vor. Man bildet sich also nicht nur in seinem Thema weiter, sondern sehr viel umfassender, weil man sich auch mit den anderen und ihren Themen auseinandersetzt. Das ist das, was mich daran reizt.

Meine Idee ist, einen Rahmen zu schaffen für die Bearbeitung von selbst gewählten Themen. Die Organisation und Verwaltungsform wäre die gleiche wie bei ‚methodos‘ oder ‚AbiPlus‘, nur dass man nicht gemeinsam bestimmte Themen lernt. Aber das regelmäßige Treffen der Gruppe gäbe es auch. Im Grunde kann man es sich vorstellen wie ein Doktorandenseminar, aber eben nicht fachlich beschränkt. Der Sinn davon ist, zu lernen ohne inhaltliche Fesseln. Und ich meine, dass das der eigentliche Kerngedanke von Universität ist.

Was ich selbst gerne machen würde, wäre, für Menschen, die auf diese Weise lernen wollen, Kontakte zu Professoren aufzubauen, die daran ebenfalls Interesse haben. Ich denke, dass das auch für Professoren interessant sein könnte, weil sie diese enge Zusammenarbeit an der Universität vermissen. Dort haben sie oft diese Massenveranstaltungen. Aber sie könnten sehr viel gekonnter begleiten, wenn sie die Möglichkeit hätten, in unmittelbaren Kontakt zu den Studenten zu treten. In Freiburg gibt es eine Professorin, die autonome Seminare begleitet, die dann sogar tatsächlich für die Universität relevant sind, das heißt, dafür bekommt man sogar einen ‚Schein‘.

Ich möchte gerne eine solche ‚Mini-Universität‘ organisieren. Dazu werde ich zuerst einmal die Professorin in Freiburg kontaktieren und sie fragen, wie das bisher genau abläuft und welche Rahmenbedingungen dafür notwendig sind. Wenn dann Schüler von ‚AbiPlus‘ nach ihrem Abitur Interesse daran haben, auf diese Weise weiterzulernen, möchte ich es gerne mit ihnen gemeinsam organisieren.“

Jans Idee ist schon gereift, und er beginnt bereits mit der Umsetzung. Aber eine solche selbst gestaltete Universität könnte auch ganz anders aussehen. Es könnte beispielsweise eine „Lebensuniversität" entstehen, in welcher lebenslanges und generationenübergreifendes Lernen möglich ist. Es könnte ein großes Haus geben, das allen lernfreudigen Menschen offensteht. Dort trifft man auf viele wissbegierige Menschen jeden Alters und kann sich gemeinsam bilden. Wenn man sich für ein spezielles Thema interessiert, suche man sich eine Gruppe Gleichgesinnter und einen Lehrer oder Mentor und beginne, dieses Thema gemeinsam zu studieren. Benötigt eine Gruppe dann für ihr Projekt Geld, um beispielsweise den Lehrer sowie die Materialien zu bezahlen, muss sie diese Mittel in die Kasse der großen Lebensuni wieder einzahlen. Das Geld könnte aus Spenden stammen, die sie sammeln, oder aus Eigenbeiträgen. So wäre jede Gruppe für den Erfolg ihres eigenen kleinen Projektes innerhalb der Lebensuni verantwortlich. Es könnte dann größere Konferenzen geben, in welchen wöchentlich gemeinsam allgemeine und organisatorische Dinge besprochen werden. Verantwortlich für diese übergreifenden Fragen könnte ein gewählter Vorstand sein, in welchem von jeder Altersgruppe mindestens eine Person vertreten ist. Der Rahmen wäre insgesamt größer als der von Jans Idee der „Mini-Universität" und es würde auch inhaltlich in der Gruppe gelernt und geforscht werden. In einer solchen Lebensuni könnte dem Lernen als menschlichem Bedürfnis ein bewusster Raum gegeben werden.

Eine solche „Lebensuniversität" und die „Mini-Universität" hätten völlig unterschiedliche Gesichter und wären ganz anders als „methodos", wie es heute ist. Dennoch wäre die grundlegende Idee dieselbe: dass Menschen gemeinsam ihre Bildung selbst in die Hände nehmen. Es wäre ein Rahmen geschaffen, in welchem die Umsetzung eigener Ideen und Visionen der Lernenden möglich wäre, in dem Menschen nicht nur kritisieren und Verbesserungen vorschlagen, sondern diese einfach selbst verwirklichen. Auf dem Hintergrund dieses Prinzips ist fast alles möglich.

Ich bin gespannt und ich freue mich auf alles, was kommen wird, auf jedes Pflänzchen, das aus einem „methodos"-Samen sprießen wird, wie ein neugieriges Kind, das einen Keimling entdeckt und sich fragt, wie wohl die Blume aussehen wird, die hier gerade wächst. Die Bildung soll in Zukunft menschlich sein! Und deshalb auch vielfältig und bunt.

Beginne die Zukunft, indem du deine Lebensentwürfe verwirklichst! Wir haben es versucht – und es geschafft!

Wie wird dein Projekt aussehen?